직장생활 잘하는 센스와 기술

직장생활 잘하는
센스와 기술

김성광 지음

책을 내면서

당신은 직장 생활에 만족하고 있는가? 직장 생활이 당신의 인생에서 가장 많은 비중을 차지한다는 사실은 말할 나위가 없다. 지금까지의 생활과는 양적으로나 질적으로 전혀 다른 새로운 차원의 생활이다. 그리고 결코 실패할 수도 없는 치열한 경쟁의 장이기도 하다.

취업 전쟁을 거쳐 그 좁은 문을 헤쳐 나왔는데도 장래는 그렇게 밝아 보이지 않는다면 얼마나 답답한 노릇이겠는가. 현재는 제로이고 미래는 마이너스라면 또한 얼마나 암담한 현실인가. 학교에서는 모범생으로 칭찬받기도 했는데 전혀 평가받지 못하는가 하면 일과 사람에 치여 여러모로 낭패감을 맛볼 수도 있을 것이다. 직장 생활의 재미는커녕 실적과 감원, 혹은 승진 압력이나 스트레스 때문에 지쳐버렸을 수도 있다.

그러나 그렇다고 해서 주저앉을 수는 없다. 직장 생활을 시작한 이상 출세를 꿈꾸고 그 길로 달려나가야 한다. 내 인생을 성공시켜야 한다.

당신의 위치를 다시 한 번 점검하자. 적극적으로 출세 경쟁에 나서려면 바로 지금 변화해야 한다. 자기 자신을 혁명적으로 바꾸어 보자.

이 책이 당신의 변화 길잡이, 성공의 길잡이가 되어줄 것이다. 성공을 원하는 젊은 직장인에게 많은 도움이 되었으면 좋겠다.

contents

contents

제1장

직장에서 빨리
성공하는 방법

준비성이 많고 부지런한 사람이 빨리 성공한다.

01

항상 가방을 가지고 다녀라

샐러리맨은 가방과 헤어질 수가 없다. 가방이 샐러리맨만의 전유물이 아닐지도 모르지만, 학생과 월급쟁이의 가방은 그 내용부터가 다르다. 즉 학생은 시간표에 따라 책이나 노트를 챙겨 가면 되지만, 샐러리맨은 자신에게 필요한 것이 들어있는 것이다.

하지만 샐러리맨의 가방을 잘 살펴보면 1년 내내 같은 서류가 들어있다. 물론 서류의 내용은 다르지만, 항상 정해진 것이 제자리에 챙겨져 있는 것이다.

한편 가방을 갖고 다니지 않는 샐러리맨들도 있다. 즉 맨손으로 출근하면서 필요한 손수건, 휴지, 정기 승차권 정도만 양복 주머니에 넣는다. 특히 책도 읽지 않고 맨손으로 산 스포츠신문을 훑어본 후 차 안이나 휴지통에 버리기 때문에 마음이 편안하다.

만약 당신이 책 한 권이라도 들고 출근한다면 좋겠지만, 맨손으로 출퇴근하는 것은 그다지 좋지 못하다.

보편적으로 가방을 갖고 출근하는 샐러리맨 중엔 어느 정도의 지위에 오른 사람들이 많다는 것을 알아야 한다.

02
동종업계와 좋은 인간관계를 맺어라

동종업종의 회사는 라이벌이면서 업계발전을 위한 좋은 파트너이다. 경영자는 경영자끼리 모여 정보나 의견교환을 하거나 친목 도모, 국외시찰 등을 한다. 관리자도 담당범위 내에서 마찬가지다. 예를 들면 'OO업 노무담당자협의, □□업계 교육 담당자 간담회' 등에서 얼굴을 마주하면서 의견들을 교환할 기회가 있는 것이다.

일반직원도 같은 업종인 간에 연수회나 친목회, 친선시합 등에서 제법 얼굴을 마주칠 기회가 있는데, 이것은 자신을 연마하기에 좋은 기회다. 이때 타사의 기업 자세나 그들의 장점을 파악하고 자신의 것으로 만드는 것이 중요하다. 주의할 점은 가능한 나쁜 점은 배우지 말아야 한다.

만약 타사 상사로부터 'OO회사의 □□□란 사람은 수완이 빠르다.'라는 소문이 퍼져 당신 상사에게 전해지면 대성공인 것이다. 즉 당신 상사는 당신의 실력을 인정하기 때문이다.

03

경쟁자일수록 사랑하라

외국 격언 중 '친구는 꼭 껴안아라. 그러나 적은 더욱더 꼭 껴안아라. 몸부림치지 못하게.'라는 말이 있다. 즉 경쟁 상대에게 친절하지 못하면 황금 같은 기회를 놓쳐버리는 것이나 다름없다. 싸움에서 적이었던 사람도 다음번 싸움에는 종종 값진 자기편이 된다는 사실을 잊지 말아야 한다.

교섭에 성공하는 비결

성공의 비결은 타인과의 관계에서 잘 대응하는 것이다. 한마디로 교제를 잘하면 그만큼 성공할 수 있다는 것이다. 타인과 효과적으로 대응하는 방법에 초점을 맞춘 것이 바로 교섭과 절충이다.

이때 잊지 말아야 할 것은 교섭은 게임이 아니라는 사실이다. 게임에는 승자와 패자가 반드시 존재한다. 그렇지만 교섭은 양측이 서로 '윈=윈'하는 것이 목적이다. 그래서 다음은 교섭계획을 어떻게 세우는가에 대해 나열해 보겠다.

1. 이쪽의 목표를 확실하게 확인하고 의견의 일치를 본다.
2. 상대편의 목표에 대해서 충분히 예측해 둔다.
3. 합의될 만한 영역을 미리 상정해 준다.
4. 불일치가 예상되는 영역을 '윈=윈'으로 해결방안을 찾는다.

그런 후 서로 승자인 관계를 형성하기 위해서는 다음처럼 생각해야 한다.

1. 개인적 관계를 증진하도록 여러모로 활동계획을 세운다.
2. 상호 신뢰감을 기른다.
3. '윈=윈 관계'를 발전시키면서 본격적으로 비즈니스를 이야기한다.

그다음은 합의를 이룬다.

1. 상대의 목표를 확인한다.

2. 합의하고 있는 일치점을 분명히 해두고 서로 확인한다.

3. 불일치되는 영역을 '윈=윈'형의 해결책을 제안하고 심사숙고한다.

4. 나머지 상이점도 공동으로 해결한다.

마지막으로 유지를 실행에 옮긴다.

1. 약속유지에는

1) 실적에 근거한 의미 있는 피드백을 해준다.

2) 합의사항에 관하여 자기 측의 책임 부분을 실행한다.

2. 관계유지에는

1) 접촉을 계속한다.

2) 신뢰관계를 재확인한다.

부하의 일을 간섭하지 마라

만약 당신의 부하에게 일을 가르친 후에는 어떤 것에도 간섭하지 말아야 한다. 왜냐하면, 그들에게 자신감을 심어줘야 하기 때문이다. 다만 잘 못될 것 같은 경우에만 주의를 시키면 된다. 만약 부하에게 문제가 생겨도 스스로 처리할 수 있도록 내버려 두어야 한다. 이때 당신은 부하가 제시한 '사실'에 의거 의사를 결정하면 되는 것이다.

이런 과정을 통해서 부하는 스스로 생각하고 처리할 방법을 터득해 나갈 수가 있다. 이것은 관리원칙이기도 하다.

부하와의 관계에 또 다른 조언이 있는데, 그것은 일이 있을 때 회의에 참석시키지 말아야 한다. 그 이유는 회의 때문에 당신 부하는 주어진 일을 할 수도 없다. 회의가 연속되면 그들은 자기 나름대로 의사결정을 하지 못한다. 그들은 회의에서 가만히 앉아 당신 의견을 듣고 앵무새처럼 흉내를 낼 뿐이기 때문이다.

06
샐러리맨의 출세는 독서가 최고

독서의 중요함은 누구나 알고 있는 사실이다. 시대를 앞서 가는 능력이나, 사물을 판별하는 지혜 등은 모두 선인들이 물려준 지혜의 덕분이다. 그 지혜를 섭취하고 두뇌를 계발하기 위해서는 책을 읽는 습관을 길러야 한다.

유럽 사람들은 책을 사서 모으는 습관이 없다. 그러나 목표를 한 번 정하기만 하면 하루도 빠짐없이 도서관을 찾아가 탐구를 한다. 그래서 인구 7~8천 명 정도의 조그마한 도시에도 도서관이 반드시 있다. 다시 말해 그들에겐 교회와 도서관은 생활 일부분인 공공시설인 것이다.

비즈니스맨은 상대방에게 승리하기 위해서 유형의 무기가 아닌 맨손으로 싸움터에 뛰어들어간다. 이에 따라 비즈니스맨에겐 지식을 넓혀주는 독서야말로 유일하고 아군이요 무기인 셈이다.

주변을 둘러보면 바빠서 책을 읽을 시간이 없다는 사람들이 있다. 이것은 시간보다 의욕과 기력이 없다는 말이다. 다시 말해 마음만 있다면 얼마든지 책을 읽을 시간이 있고, 책을 살 돈이 없다면 도서관을 찾아가면 되는 것이다.

당신의 독특한 말투는 성공의 지름길

제스처는 의사전달의 한 수단이다. 즉 언어를 대신한 상징의 역할을 하고 언어로 부족한 표현을 보충해 준다. 제스처를 쓰는 방법이나 습관은 나라마다 각각 다르다.

커뮤니케이션에는 화술과 마찬가지로 억양이 힘을 발휘한다. 예를 들어 연설문을 읽거나 강의를 하는 식의 대화가 아닌 곳곳에 적당한 강세를 주어가며 말하는 것이 더 힘이 있다. 또한, 활기 있는 대화를 이끌어가기 위해서는 수식어가 필요하다.

하지만 실제로 사람들의 대화를 들어보면 무뚝뚝하고 사무적인 경우가 대부분이다. 이때 사용되는 수식어도 극히 제한된 것밖에 없다. 예를 들면 상당히, 악착같이, 단연코, 절대로, 전부, 반드시 등의 조사와 역시, 과연 하는 등의 맞장구치는 말뿐이다. 이런 용어들을 느낌만으로 사용하지 말고 좀 더 의식적으로 사용하는 것이 대화의 효과를 극대화할 수가 있다.

'모두 그렇게 말한다.'라는 말은 사실은 의미가 없다. 그것은 모두 그렇다는 것을 실제로 확인한 것이 아니기 때문이다. 다만 내용을 강조하거나 의미를 강화하는 정도일 뿐이다.

회화는 자신의 의견을 개입시켜서 성립하는 것이 일반적이다. 그 이유는 주어진 정보만으로는 회화가 될 수 없기 때문이다. 더구나 상대방이 어떤 얘기를 했을 때 '역시' 하면서 맞장구치는 경우가 많다. 독특한 발상일지라도 이 한마디가 모든 것을 부정해 버린다.

　따라서 '역시'로 시작한 말에는 독립된 인격의, 독자적 의견이 있을 수가 없다는 의미다. 자신의 의견을 더구나 극단적인 형용사를 붙여서라도 강조하고 싶은 사람은 절대로 '역시'라는 말을 사용하지 않는다.

　친구들이 당신에게 듣고 싶은 것은 평균화된 논리나 주장이 아닌 당신의 독특한 의견이다. 그러기 위해서는 항상 '일반적인 사고는 버리자.'라고 다짐해야 한다. 여기서 독특한 발상은 시작되는 것이다.

유창한 화술은 성공하는 비결

무슨 일이거나 지루하게 장광설을 늘어놓는 사람이 있다. 이것은 남이 야 어떻게 생각하든 스스로는 논객으로 생각하기 때문이다. 요설과 웅변은 큰 차이가 없지만, 이에 대한 구분이 명확하지 못하다.

화술의 요체는 얼마나 미사여구를 늘어놓아 상대방을 현혹하거나, 철학적 수사학으로 고상한 인상을 심어놓지는 않는다. 그래서 자신의 본심을 상대방의 마음속에 그대로 전달하는 것과 논리적인 언어로 하고 싶은 말을 오해가 없이 이해시키는 것이 관건이다.

너무 논리에 치중하면 쉽게 싫증이 난다. 만남을 심화시키기 위한 화술에서의 여유와 유머는 동양인에겐 무리다. 이에 따라 평상시 유머를 연구해두면 교제술에 유익하게 쓸 수 있다.

즉 대화술을 구사할 줄 아는 사람은 오랫동안 사귐을 지속시킬 수가 있다. 하지만 만나기만 하면 자기자랑이나 푸념, 저속한 외설을 늘어놓는 사람의 주변엔 친구들이 없다.

침묵이 금이라는 시대는 지나갔다. 가만히 있어도 알아줄 것이라고 믿고, 입을 다물고 가만히 있다면 비즈니스시대에서 살아남을 수가 없다. 그래서 현대인은 많은 말을 하지 않으면 안 되게 되어 있다.

하지만 어느 곳에서나 말주변이 없는 사람과 수다쟁이가 존재하고 있다. 예를 들어 가만히 있을 땐 무게가 있었지만, 몇 마디의 말이 나오는 순간 본색이 드러나는 경우도 있다.

그래서 화술이 필요한 것이다. 사람들은 화술을 자연적으로 타고났다고 믿고 있지만 그렇지 않다. 화술은 끊임없는 훈련과 연구가 없다면 존재하지 않는다. 서구에서는 화술만 연구하는 파트가 대학에 설치되어 있을 만큼 중요시하고 있다.

화술엔 귀납법과 연역법이 있다. 귀납법은 개개인의 구체적인 사항으로부터 일반적인 명제나 법칙을 이끌어내는 것이다. 연역법은 일반적인 명제나 조합된 이론에 의해 특수한 과제를 설명하는 것이다.

귀납법은 많은 사례가 필요한데, 자료나 숫자의 증명이 있어야만 비로소 설득력이 생긴다. 연역법은 모두가 이해가 가는 전제를 미리 제시, 즉 '그러니까, 이 경우는….'라고 설명하는 것이다.

경청을 잘해야 대화에 성공

말하기보다 듣기가 어려운데, 시대의 흐름에 따라 그 어려움은 더더욱 심화하고 있다. 그 이유는 생존경쟁이 격렬해져 조금이라도 자기를 내세워 상대를 굴복시켜야 살아남을 수 있기 때문이다.

이야기는 2인칭이다. 현대인은 쉬지 않고 입을 놀리고 있으며, 그 입 놀림을 잠시라도 멈춘다면 곧 죽음과도 같다고 생각한다. 예를 들면 화술의 대가는 있지만, 듣기의 대가는 없다.

대화가 얘기하는 사람에 의해서 리드 되는 듯 하지만, 실은 화자가 얘기하고자 하는 것을 짐작해 맞장구를 쳐줌으로써 이어지는 것이다. 어느 달변가가 오랜 대화를 끝낸 뒤 이렇게 말했다.

"당신과 얘기하고 있으면 정말 즐겁소. 항상 서로의 의견이 일치하니 말이오. 그리고 당신의 학식과 풍부한 경험에 정말 감동했다오."

이때 상대방은 한마디도 의견을 개진하지 않고 오직 적절한 시점에서 맞장구를 쳐주었던 것이다. 화자가 의견을 서로 교환했다고 믿는 것은 상대방이 자신의 이야기를 잘 들어주었다는 말이다.

그렇다고 무조건 맞장구만 쳐주면 되는 것도 아니다. 만약 말할 때 상대방이 전혀 반응하지 않는다면 대화가 성립되지 않는다. 따라서 현명하게 듣는다는 것은 상대방이 말하는 것을 열심히 듣고 전신으로 반응하는 것을 일컫는다. 그래야만 대화가 순조롭게 발전될 수가 있다.

더구나 많지 않은 맞장구 속에서 문제의 핵심을 맞히는 한마디는 대화에 커다란 활력을 넣어준다. 따라서 천 마디의 장광설보다 집약된 한 마디가 훨씬 힘이 있고 깊이가 있다.

따라서 교제에서 당신에게 관심을 쏠리게 하려면 무엇보다 듣기를 잘 해야만 한다.

간부는 항상 솔선수범이 필요

부하들로부터 존경받기 위해서는 항상 솔선수범이나 모범이 되어야 한다. 그러나 다른 사람에게 모범을 보여야 한다는 것은 만만찮다. 이에 따라 다음에 훌륭한 리더가 되는 8가지를 소개한다.

1. **위기에 침착하게 대응** : 위기 때 리더가 책임감을 가지고 침착하게 행동해야만 부하들을 감동시킬 수 있다.
2. **경청하는 자세** : 대부분의 리더는 너무 말이 많은데, 이에 부하들은 경청하면서 리더를 따르는 것이다.
3. **지도력** : 리더에게 가장 중요한 것은 지도력이다. 지도력을 보임으로써 부하들이 무엇을 어떻게 해야 할지를 알게 되는 것이다.
4. **성실성이 중요** : 약속한 것은 반드시 지켜야 한다. 따라서 지키지 못할 약속은 하지 않는 것이 좋다.
5. **솔직한 감정표현** : 리더 중에는 자신의 감정표현을 전혀 하지 않는 사람이 있다. 자신의 감정을 솔직히 표현해야 부하들도 자신의 문제를 말할 수 있다.
6. **비밀엄수** : 솔직해야 함과 동시에 비밀을 지키는 것도 중요하다.
7. **회사에 대한 태도** : 회사에 대한 비난은 당신의 이상이 높거나 아니면 신념이 너무 없거나 중의 하나다. 이에 따라 비난은 금물이다.
8. **작은 관심** : 작은 관심은 큰 영향으로 연결된다.

11

후계자를 키워라

바쁜 사무작업을 손쉽게 처리하려면 먼저 하루 일을 어떻게 준비하고 처리했는지를 배워야 한다. 다시 말해 사무처리 테크닉을 익힌 사람은 일에 대한 관리를 잘하기 때문이다.

그러면 다른 사람에게 당신의 업무를 분담시키려면 어떻게 해야 할까? 먼저 잔일은 비서에게 맡기고 그런 다음에 신뢰하는 부하에게 일을 맡기는 것이다. 그것은 지금부터 우수한 인물을 키우는 것이 중요하기 때문이다. 그래야만 당신의 부담을 덜어주면서 당신을 안심시켜준다.

휴가나 출장을 갈 때 회사에서 당신의 직무를 대행해주는 사람이 있다는 것은 그만큼 마음이 든든한 것이다.

만능 탤런트가 되어라

비즈니스 사회는 실력에 대한 인식과 존경으로 성립된다. 비즈니스맨은 누구나 할 것 없이 자신의 특정한 분야를 가지고 있다. 회계이든, 편집이든, 영업이든, 컴퓨터든, 뭔가의 전문적인 자리가 부여되어 있다.

이것 외의 장기란 일반적인 수준을 초월한 기술과 지식이다. 영업직원이 영업에 대해 지식을 가진 것은 당연하다.

예를 들어보겠다. K는 광고대리점에 근무하고 있었다. 학력이라곤 고등학교를 졸업했을 뿐 이렇다 할 특징도 없다. 어느 날 회사가 컴퓨터를 도입하면서 관리직 회의가 열렸다.

지금과는 달리 당시로써는 대부분이 친숙하지 못한 분야였다. 생산업체로부터 자세한 설명을 들었지만, 도대체 무슨 말을 하는지 알아들을 수가 없었다. 다시 말해 컴맹이었던 것이다.

그때 K에게 의견을 물었고, 그는 이공계 출신의 기사도 따라올 수 없을 만큼 훌륭한 발언을 했다. 그는 회의에 참석한 모든 사람을 압도했던 것이다. 당연히 그는 컴퓨터실장으로 발탁되었다. 그는 영업사원 시절 은밀히 미래를 예측하고 컴퓨터를 공부해 두었던 것이다.

이것이 바로 장기이다. 즉 숨은 실력이 있다는 평가는 많은 사람의 존경과 신뢰를 받게 되고, 사귐의 범위까지 확산시켜 준다.

13

자기 PR은 은연중에 하라

현대는 자기 PR시대다. 하지만 자기 PR은 자신의 자랑과는 다르다. 자기 PR은 상대방과의 이해득실과 관계가 없고 다만 현재나 과거의 일에 대한 것이며, 미래에 대한 계산도 전혀 없다.

시와 때를 가리지 않고 자기를 PR한다는 것은 주위에 대한 자신의 매력과 의도를 잘 이해시키기 위한 일종의 기획력이다. 예를 들면 어떠한 문제가 발생해 그 문제에 대한 확실한 실력자를 찾고 있을 때, "이런 문제에 대해서는 xx에게 자문해야 한다."든가 "xx가 그 방면에 확실하다. 그의 협력을 얻으면 일이 잘될 것이다."하고 곧바로 이름이 떠올라야만 사귐에 성공한 것이다.

그래서 어떠한 일에나 PR을 해둬야 한다. 경험으로 알고 있는 일이나, 특수한 입장에 처했을 때나 등등의 상황에서 자신의 능력에 관한 PR을 항상 해주는 것이 좋다.

언제 만나도 유쾌하고 말솜씨도 좋은 친구지만 그 이상 아무것도 얻은 것이 없다면 소용이 없다. 다시 말해 금융, 세금, 취재, 영업 등 무엇이든 내놓을 만한 경험과 지식이 없다면 굳이 교제를 형성할 필요가 없다.

자기 PR을 기획력의 문제라고 하는 것은 상대방에게 항상 새로운 제안을 할 수 있는 연구가 따를 때에 비로소 효과가 있다는 말이다. 이에 따라 적극적으로 자신을 인정받기 위해서는 PR을 반복해야 성공할 수 있다. 그렇지 않으면 기대만큼의 효과가 없는 것이다.

레닌은 "선전의 묘는 반복하는 데 있다."고 했다. 같은 의미로 아라비아 상인들은 "반복해서 말하면 당나귀도 알아듣는다."라고 말한다. 당나귀는 아라비아에서는 미련한 짐승의 대명사로 알려졌다.

따라서 PR이라는 것도 은연중에 반복하지 않으면 효과를 거둘 수가 없다. 그렇지만 '은연중'이라는 것은 그렇게 녹녹하지 않은 말이다. 이것이 너무 노골적일 때는 자칫 의심을 받아 역효과가 발생할 수 있기 때문에 적절해야 한다.

광고에는 이미지광고, 즉 간접선전이 있다. 즉 은연중에 간접법이나 연쇄적 방법으로 광고주의 속셈을 조금씩 노출해 잠재의식 속에 어떤 이미지를 심어 놓는 방법을 말한다.

따라서 간접적인 방법을 자기 PR에 활용하면 일종의 존경과 자신감을 주고 무엇보다도 상대방에게 유용한 인물이라는 이미지를 던져준다.

14

부하와의 사이는 적절한 거리 유지가 필요

원래부터 리더는 고독하다. 프랑스의 드골은 "위대한 사람은 사람들과 거리를 가진다. 권위는 위신 없이는 성립하지 않고 위신은 세속과의 거리 없이는 성립하지 않기 때문이다."라고 말했을 정도로 리더는 고독하다.

부서의 분위기를 위해서 상사가 부하들과 친밀감을 갖는 것은 중요하다. 그렇지만 인간적인 애정은 도리어 마음을 속박하기 때문에 적극적인 행동을 취할 수가 없다. 그래서 부하들과 사적으로 깊은 결합을 피하는 것이 좋다.

또한, 부하를 지나치게 믿으면 객관적인 입장에서 판단이 흐려지고, 나아가 부하의 주장에 동조하고 야합하는 일이 발생할 수도 있다. 이것이 심하면 상사는 부하의 부정을 덜어주는 경우까지 발생한다. 따라서 부하와의 적절한 거리유지가 되어야만 한다.

15
샐러리맨의 지식은 독서에서 취하라

출근 시간 때 복잡한 지하철 안에는 무엇을 읽고 있는 샐러리맨들이 상당히 눈에 띈다. 하지만 안타깝게도 대부분이 스포츠 신문을 읽고 있을 뿐이다. 즉 책을 읽는 사람이 드물다는 말이다.

책을 많이 읽지 않으면 당신의 두뇌가 빈곤해질 것이다. 한마디로 학창시절 때 축적한 지식을 조금씩 배출만 하다가는 금방 바닥이 날 것이다. 샐러리맨의 소중한 자산은 건강한 몸과 머리다. 절대로 돈이 많고 적음이나 집이 크고 작음이 아니다.

물론 두뇌를 발달시키는 것이 오직 독서만은 아니다. 여행을 떠나거나 다른 사람의 일을 관찰하거나 전람회나 음악회에 가보는 것도 공부가 된다.

참선하는 승려가 책을 읽어 진리를 깨닫기도 하지만, 돌부리에 걸려 넘어질 뻔했을 때처럼 얻는 깨달음처럼 상식과 아주 동떨어진 곳에서 진리를 얻을 수도 있는 것이다.

그렇지만 샐러리맨들이 지식을 쌓아 자기의 머리를 단련시키는 방법으로는 독서가 최고다. 하지만 책을 읽는 데는 많은 끈기가 요구되기 때문에 인내가 필요하다.

16

책상은 항상 정리 정돈하라

책상 위에 서류를 잔뜩 쌓아놓고 바쁜 것처럼 보이는 사람들이 있다. 이러면 상사나 동료들로부터 "저 녀석은 일이 깔끔하지 않아." "저 녀석은 항상 물렁물렁해."라면서 좋은 평가를 받지 못한다.

그러나 불행하게도 사무나 잡일은 오늘날 비즈니스생활에서 주요한 부분을 차지하고 있다. 이것을 해결하기 위해서는 책상 위에서의 작업을 줄여야만 한다. 그러기 위해서는 먼저 지금까지 해온 일들이 생각보다 능률이 높지 않다는 것을 인정해야 한다. 다음에 열거한 사항에 해당하는 사람들은 자기 자신을 다시 한 번 되짚어 봐야 한다.

1. 해야 할 일을 뒤로 미룬 채 불필요한 일을 하는 사람.
2. 자신이 아니면 사소한 일도 마음이 놓이지 않는 사람.
3. 돌발사태가 발생했을 때 갈팡질팡하며 제대로 일을 처리하지 못하고 쌓아두는 사람.
4. 맨 처음 처리해야 할 결재를 뒤로 미루고 서류를 마구 쌓아두는 사람.

하루 24시간을 수면에서부터 출근, 업무시간, 점심시간, 오후 근무시간, 퇴근시간 등으로 구분해 보자. 이럴 때 시간과 시간 사이에는 반드시 10~20분 정도의 토막시간이 존재한다. 다시 말해 이것이 시간의 구멍인 것이다.

스케줄과 스케줄 사이의 토막시간을 계산해보면 하루 평균 1시간 정도의 시간이 남을 것이다. 물론 개인의 차이에 따라 2시간에 해당되는 토막시간이 생길 수도 있다.

최소한 계산으로 하루에 60분의 토막시간이 1년이면 15.2일에 해당되는 구멍이 생긴다. 즉 하루 동안의 토막시간을 잘만 이용하면 1년에 15일간의 효과 시간이 생긴다. 여기에다가 토요일과 일요일을 제외하면 약 1개월가량의 시간이 덤으로 생겨난다.

시간을 효과적으로 사용하는 사람은 1년을 13개월로 사용하는 사람이다. 예를 들면 독서를 좋아한다고 가정해보자. 젊을 땐 밤새워 책 읽기를 게을리하지 않았지만, 직장생활을 하고부터는 책 한 줄 읽느니 차라리 잠을 10분이라도 더 자는 게 낫다고 생각할 것이다. 즉 '건강하고 능률적인 직장생활을 위해서 잠을 자야 한다.'는 것이 그 이유이다.

당신도 망중한이란 말의 의미를 알 것이다. 충분한 시간이 허락되는 주말이나 휴일엔 오히려 책을 읽을 수 있는 시간이 없다. 그래서 바쁜 시간에 틈을 내어 책을 읽는 쪽이 훨씬 독서량도 늘어난다.

한마디로 주어진 시간보다 만든 시간이 더 가치가 있는 것이다. 바쁘고 힘든 직장생활이지만 자신의 집중력을 최대한 발휘해보라. 약간의 토막시간을 독서나 운동, 정보나 자료의 정리 등으로 재활용하는 재치는 큰 노력을 들이지 않고도 타인보다 한발 앞서 가는 좋은 방법이다.

제2장

아이디어 뱅크가 되라

성공한 직장인은 아이디어가 무궁무진하다.

17

'사실'만을 가지고 창의력을 펼쳐라

창조적 사고는 필요성을 발견한 즉시 확실한 목표를 세워 그것을 구체적으로 표현해야 한다. 그다음은 공격계획을 세워 '사실'을 동원할 필요가 있다.

즉 단계를 밟아 사고해 나감으로써 창의력을 발휘할 수가 있는 것이다. 이때 주의할 점은 정확한 사실을 가지고 있다고 해도 그곳의 함정을 피해야 한다.

특히 결론이나 판단을 급히 내리려다가는 노다지 광맥을 놓치고 말 것이다. 그렇기 때문에 탐색의 범위를 넓히고, 연관된 사실을 가능한 한 많이 수집하지 않으면 창의력을 유출해낼 계기를 발견할 수가 없다. 한마디로 사실을 너무 조급하게 해석하거나 판단이나 평가를 서두르지 않고 오직 받아들여야 한다.

창의적 사고의 과정은 간단하지 않고 복잡하다. 그렇지만 모든 것이 사실에 입각해서 이루어진다. 당신은 당신 업무 속에서 얼마만큼 사실을 알고 있는가? 창의적인 사고에서의 사실은 공기와 같다. 사실이 없다면 창의력도 발휘할 수가 없다.

무에서 유가 아니라 유에서 유가 창조되는 것

여러 가지 결점에서 잘못된 것을 찾아낼 수가 있다. 하지만 그것을 변경시키거나 효과적으로 이용하는 사람은 흔치 않다.

예를 들면 재떨이에 대해 어떠한 아이디어를 낸다고 가정해볼 때 3분 동안 얼마나 많은 아이디어를 내겠는가?

먼저 재떨이를 꼼꼼하게 살펴본 후 눈에 거슬리거나 불만스러운 점을 1분 동안에 적어보자. 그다음은 그것을 보완하기 위해 2분간 생각해본다면 3분 안에 개선을 위한 아이디어가 떠오를 것이다.

이렇게 무엇인가를 변경시키려고 할 때 결점을 생각한다면 동시에 개선할 아이디어까지 함께 생각해낼 수 있다. 이때 서둘지 말고 결점을 알아낼 수 있을 때까지 알아본 후에 이와 같은 결점들을 제거하기 위해 하나씩 개선할 아이디어를 생각나는 대로 적어보면 된다. 이런 과정을 거치면 쉽게 아이디어를 창출해낼 것이다.

19
행동 속에서 창조력이 탄생

창의력은 매력적인 것이라 누구나 관심을 둔다. 그러나 너무 획기적인 결과만을 기대하다가는 곧 싫증을 낼 수 있다.

창조는 무에서 유를 낳는 것이 아니다. 주변의 사물 모두가 대상이 된다. 물론 갑자기 번뜩이는 영감이 창조적 활동의 밑거름이 된다. 그러나 문제 해결을 가져오는 행운의 일순간은 끊임없는 노고 끝에 얻는 수확이다.

전혀 관계없는 사실, 대립되는 현상, 어울리지 않는 현실과 마주치면 왜 그런지를 생각해 보는 것에서 창조된다.

따라서 추측하는 것에 그치지 말고 일단 문제를 제기해 보라. 문제가 무엇인가를 입으로 말해보는 것에서 창조활동은 시작된다. 해답은 그 문제 속에 이미 들어 있는 것이다.

나폴레옹은 "미셸은 포탄이 작렬하는 전투 중에만 지적인 번뜩임이 나타났다. 판단은 정확했고 냉정하며 정력도 넘쳤다. 그러나 조용한 방안에서 지도를 보면서 작전을 짜는 것에는 서툴렀다."라며 부하 장군을 이야기하고 있다. 한마디로 행동 속에서 창의력은 활력을 얻는 것이다.

창의력을 지닌 사람들의 특징

1. 잡학박사로 칭송되는 사람

창의력은 한 분야에서만 탄생되지 않는다. 즉 자신의 전공과는 관계없는 다른 곳에서 아이디어를 얻는 경우가 많다. 지식과 경험에서 외골수 전문가는 진정한 프로가 아니다. 전문가로서 고집이 없어서는 안 되지만 그들의 고집은 끝까지 파고드는 집념을 뜻하기에 한 쪽으로 기울지 말라는 것이다. 역사상 가장 위대했던 사람들을 보면 모두가 폭넓은 교양과 경험을 갖고 있었다. 따라서 잡학박사라는 소리를 들을 때까지 노력하면 좋은 결과를 얻을 것이다.

2. 관찰력이 있는 사람

세상에 관심이 없다면 결코 창의적인 사람이 될 수가 없다. 정치, 경제, 문화, 스포츠 등은 물론 사회 전반의 흐름에 민감한 감각과 나름대로의 관점을 가지고 있어야 한다. 압구정동 패션도 알아야 하고 요즘 아이들이 어떤 음악을 좋아하는지, 요즘 노인들은 하루를 어떻게 보내고 있는지 등등도 알아야 한다. 한마디로 시대에 뒤떨어진 창의력은 아무런 쓸모가 없다.

3. 상상력은 아이디어의 핵심

상상력이 없다면 창의력도 없다. 그래서 절대로 프로가 될 수가 없다. 하나의 프로젝트를 주면 아이디어가 샘솟듯 분출되어야 한다. 따라서 평소 상상력을 기르는 훈련이 필요하다. 하나의 사물과 사실을 이리저리 바꿔보기도 하고 말도 안 되는 상상력을 동원해보는 것도 효과적이다.

4. 문장력이 논리적이어야 한다

창의력은 거의 문장으로 표현된다. 다시 말해 아이디어의 힘은 연필을 쥔 손끝에서 나오는 것이다. 그렇다고 미사여구를 잔뜩 넣은 문장력을 늘어놓으라는 것은 아니다. 즉 논리적이면서 설득력 있고 간결하게 자신의 주장을 담을 수 있을 정도면 된다.

5. 창의력에는 비즈니스 감각이 필요

뛰어난 창의력이 있어도 비즈니스에서 실패하면 모든 것이 헛방이다. 창의력을 혼자서 즐긴다면 모르지만, 그렇지 않다면 비즈니스 감각과 세일즈맨으로서의 가치관이 있어야 한다.

6. 원활한 인간관계는 큰 재산

항상 만나는 사람들과의 원만한 인간관계는 큰 재산이다. 주위를 둘러보면 실력은 없지만, 인간관계를 잘해서 이득을 보는 사람들이 많다. 창의력과 인간관계 중에 택하라고 한다면 인간관계를 택하는 것이 훨씬 유리하다. 그만큼 인간관계는 우리 인생살이에서 결정적인 힘을 발휘한다.

7. 화술은 설득력을 위해 필요한 부분

아무리 좋은 아이디어가 있지만, 상대방을 설득하지 못하면 무용지물이다. 하지만 화술이 좋다는 것을 말만 잘하는 것으로 혼동해서는 곤란하다. 다시 말해 진솔하게 설득할 수 있는 능력이 있어야 한다는 의미다. 화술을 배우기 위해서는 다른 사람이 말하는 것을 분석해보면 쉽게 답을 얻을 것이다.

8. 육체적, 정신적으로 건강한 사람

건강하지 않으면 일을 계속할 수가 없다. 어떤 운동을 어떻게 하든 관계가 없지만 어쨌든 건강하지 않은 천재는 필요가 없다. 일에 집중할 때는 며칠간 계속해야 하는데 건강이 좋지 않으면 어떻게 되겠는가.

9. 일을 시작한 후 중단 없이 밀어붙여야 한다

일을 시작한 후 중도에 멈춘다면 하지 않는 것보다 못하다. 예를 들면 산의 정상에 오르지 않고 중간에서 야호라고 외치는 사람을 전문산악이라고 하지는 않는다. 한마디로 인내심과 끈기가 있어야 뛰어난 아이디어맨이 될 수 있다.

10. 아이디어맨은 휴머니스트

전략엔 냉정해야 하지만 창의력에서는 따스해야 한다. 그렇지 않으면 남에게 도움이 안 되는 쓸데없는 아이디어만 생각하게 된다. 다시 말해 가슴이 차가우면 결코 따뜻한 창의력을 발휘할 수가 없다. 한마디로 아이디어맨이 되려면 먼저 따스한 휴머니스트가 되어야 한다.

11. 협동으로 시너지효과를 이해하는 사람

혼자서도 멋진 아이디어를 낼 수가 있다. 그렇지만 공동 작업으로 탁월한 창의력을 발휘하는 것이 더 효과적일 때가 있다. 다른 말로 시너지 효과를 거둔다는 것이다. 그래서 협조하면서 팀의 리더가 될 수만 있다면 금상첨화이다.

12. 아이디어맨은 패션 감각이 뛰어난 사람

패션 감각이 둔한 사람일수록 창의력이 떨어진다. 한마디로 패션 감각이 있다는 것은 그만큼 창의력을 발휘할 준비가 되어 있다는 증거이다. 만약 당신 스스로 거울을 보았을 때 패션 감각이 없어 보인다면 오늘부터 패션을 주제로 연구해야 한다. 자신의 패션이 창의적이어야 다른 것도 창의적으로 볼 수 있기 때문이다.

13. 자기 계발에 아낌없이 투자하는 사람

당신 주변을 둘러보면 월급을 받으면 10%를 무조건 책 구입에 사용하는 사람들이 있을 것이다. 이처럼 책을 사거나, 영어나 일어학원에 다니거나, 소모임이나 단체에 참여하는 것도 좋다. 자신의 개발을 위해서는 아낌없이 투자해야만 한다.

21

회사는 생각하는 직원을 요구한다

모든 회사는 생각하고 탐구하는 사원을 필요로 한다. 발상, 아이디어, 창의력 등은 인간의 행위에서 생겨난 것이다. 생각해보면 누구나 모두 잠재적인 창의력을 가지고 있다.

인간은 140억 개의 뇌세포를 가지고 있다. 그 어떤 천재도 그 수에는 차이가 없다. 하지만 현실적으론 창의력이 있는 사람과 없는 사람이 있다.

그 차이는 뇌를 사용하지 않는다는 것이다. 또한, 나이와도 관계가 있는데, 기억력은 25세가 넘으면 점차적으로 감퇴한다. 그렇지만 창의력은 사용하면 사용할수록 좋아지는데, 70~80세까지도 발달한다.

그렇다면 창의력을 높이기 위해 평소 어떻게 하면 될까? 창의력을 계발하기 위해서는 '어떻게 하면 잘할 수 있을까?' '어떻게 할 것인가?'라는 생각을 해야만 한다.

예를 들어 사람들과 대화를 나눌 때 일상적인 것에서 벗어나 자신의 이미지, 자기의 판단을 보태서 이야기해 보거나 또는 문장으로 써보는 습관을 기르는 것도 효과적이다. 평소의 이런 훈련은 뇌세포를 활성화하고 창조적인 머리를 만드는 데 좋다.

제3장

직장에서 일어나는
스트레스를 이겨라

한국 직장인의 97%가 스트레스에 죽어가고 있다.

22
스트레스의 역이용

스트레스는 오늘날 우리의 생활에서 매우 두드러진 현상으로 하루라도 신문지상에 오르내리지 않는 날이 없을 정도이다. 사실 스트레스라는 단어를 언급하기만 해도 금방 온몸이 긴장될 정도이다. 이것은 너무나도 불쾌한 단어므로 우리는 우선 건강을 위하여 이 명백한 적을 무장해 제시키고 그것을 역으로 이용하여 이익을 얻는 방법을 생각해보자.

23
신체적, 정서적 반응

스트레스는 한마디로 변화에 대한 신체적, 정서적 반응이라고 정의할 수 있다. 변화에 대한 우리 몸의 반응 즉, 변화를 위협으로 느끼거나, 이해하지 못할 때, 그것은 우리의 몸에 물리적 영향을 줄 수 있다. 스트레스요인이라는 용어는 스트레스(신체적, 정서적 반응)를 일으키는 상황이나 환경을 말한다.

예를 들면 지금 하고 있는 업무의 마감 시간이 4시로 정해 있다고 하자. 마감 시간을 생각하면 먼저 몸이 긴장된다. 마감 시간을 지켜야 한다는 마음을 먹고, 손에 닿는 업무부터 주의를 기울여 열심히 일해서 4시에 맞추어 일을 끝낸다. 그러면 기분이 좋아지고 일을 잘 처리한 것이 자랑스럽게 여겨지고 긴장을 풀게 된다.

정해진 시간 안에 일을 끝내야 한다는 것이 스트레스원인이 된다. 우리의 몸과 마음은 업무수행에 대해 먼저 반응하고 그런 후 긴장이 풀리면서 자신의 성취와 자신이 회사의 발전에 기여했다는 사실로 기분이 좋아진다. 이런 스트레스 사이클에서, 몸에는 우리가 의식적으로 깨닫기도, 그렇지 못하기도 하는 현상이 일어난다. 우리의 몸은 지금 처리하고 있는 업무의 스트레스에 적응하기 위해 활발히 작용한다. 근육의 긴장되고, 턱이 굳어지며, 맥박이 빨라지고, 혈압이 올라가고, 손이 차갑고 축축해지며, 위도 긴장된다. 이런 반응은 스트레스에 대한 매우 정상적인 신체적 반응이다.

그런데 업무를 4시까지 마치는 것이 무리라고 생각되고 극복해야 할 도전이라고 여기는 대신, 마감 시간을 지킬 자신감이나 혹은 자신의 업무수행 능력조차 회의를 하고 있다고 하자.

이때도 근육 긴장, 혈압 상승, 위가 죄어오는 느낌 등의 위와 같은 반응이 일어나겠지만, 담당 업무(스트레스 원인)로 인해 체내에 생성된 에너지를 활용함으로써 하는 일에 정신을 집중하는 대신, 자신이 그 일을 잘해낼 수 없을 것이라거나 그 일이 얼마나 힘든 것인지에 대한 생각에 집착함으로써 일을 제대로 해내지 못하거나, 제시간에 일을 끝내지 못할 가능성을 미리 정당화하려 든다.

이런 태도를 보이고는 비록 일을 제시간에 끝내더라도 긴장이 계속되거나 스트레스를 받게 된다. 예를 들면 일을 잘 해내더라도 사장이 자기 일을 인정해주지 않거나 거부할지도 모른다는 걱정을 하며, 마음속에 이런 큰 부담을 집에까지 가지고 간다. 잠자리에 들어서도 이런 스트레스를 풀어놓지 못한다. 그래서 잠을 자려 해도 긴장이 계속된다. 이렇게 되면 숙면을 취하지 못하고 아침에 깨어서도 긴장은 계속된다. 그런 후 그 다음 날 어제의 부담을 안은 채 오늘의 스트레스에서 벗어나기 위해 안간힘을 쓴다. 대부분 사람들은 이런 악순환을 알고 있다. 이것은 매우 흔한 현상이며 때로 자기 자신이 이런 심각한 사태를 직면하고 있기도 한다.

문제는 대개 스트레스나 스트레스원인이 아니라는 사실을 이해하는 것이 스트레스 극복의 첫 단계이다. 우리 모두 이런 종류의 압박을 겪지만, 열쇠는 우리가 그것을 받아들이는 정신 자세와 스트레스나 도전의 처리방식이다. 스트레스를 부담스러운 짐으로 여기면 그에 대처할 자신의 능력에 회의를 하게 되고, 그 부정적인 영향에서 벗어나지 못하게 된다. 그러면 긍정적인 태도와 자신감이 사라지고 일을 잘 처리해서 받을 수 있는 즐거움과 만족감을 빼앗긴다. 그러나 항상 명심해야 할 것은 사장은 근로자가 자신의 사업을 번창시키는 데 일익을 담당할 만한 능력이 있다고 믿었기 때문에 그 사람을 고용한다는 사실이다.

이와 반대로 자기 앞에 놓은 일을 극복해야 할 도전으로 인식하고 그 도전을 받아들여 자신의 능력으로 임무를 수행하기로 결정한다면, 업무에 깊은 관심을 기울여 일을 더 잘해낼 수 있을 뿐 아니라 업무를 성공적으로 수행해내면 그에 대해 자신감도 생기고 성취감도 맛보게 된다.

누구나 스트레스 속에서도 그것을 극복하고 성공하는 사람을 한두 명쯤은 알고 있다. 그들은 이렇게 말하는 듯하다. "도전이여 오라! 나는 준비가 되어 있다. 내가 할 수 있는 최선의 방법으로 도전을 극복하기 위해 나는 무슨 일이든 하겠다." 문제에 압도당하기보다는 이런 도전을 받아들인다는 정신 자세로 자신에게 닥친 명백한 스트레스를 신 나는 일로 바꾸어 놓을 수 있다. 일상의 도전을 바라보는 태도와 방법을 바꿈으로써 우리는 일에서는 물론 우리의 개인 및 가족생활에서 부딪히는 스트레스와 도전을 역으로 즐기는 법을 터득할 수 있다.

직업적 스트레스는 우리 몸의 물리적 반응을 유도해낼 뿐 아니라 업무에 몰두할 때 체내에서 발산되는 에너지를 생성시킨다. 우리가 몸과 마음의 건강을 회복하고 활기를 되찾기 위해 이런 스트레스를 배출하는 방법을 배우면, 내일의 스트레스와 도전을 언제나 기꺼이 맞을 수 있다. 스트레스로 얻는 에너지를 발산하지 못하여 우리의 몸과 마음에 스트레스의 물리적 영향이 누적되면 두통, 목의 통증, 요통 등이 발생 또는 악화하는 것은 물론, 정서불안, 소화불량, 고혈압 등 건강 이상의 직접적, 간접적 원인이 된다.

어떤 이는 인생은 장미꽃밭이 아니라고 했지만 나는 찬성할 수 없다. 인생은 장미꽃밭이 될 수도 있다! 우리는 인생에서 아름다운 장미꽃과 꽃봉오리를 둘러싼 싱싱한 푸른 잎사귀까지 느낄 수 있다. 하지만 모든 줄기에는 날카로운 가시가 있다. 그러나 장미의 아름다움이 가시의 위협을 압도하여 가시는 우리가 장미를 꺾는 것을 막지는 못한다. 그 누구도 살아가면서 불운이나 슬픔을 겪지 않을 수 없다. 그러나 이런 가시에만 집착한다면, 결코 장미의 아름다움을 볼 수는 없다. 그것은 자신에게 달려 있다.

스트레스에 대한 건강한 반응에는 스트레스를 인식하는 방식뿐 아니라, 그 물리적 영향을 역전시키거나 중화시키는 방식도 포함된다. 스트레스 반등은 우리 체내의 작용을 활발하게 하여 에너지를 생성시킨다. 이런 억눌린 에너지가 체내에 축적되는 것을 막기 위해 때로 자신의 페이스를 바꾸어 줄 필요가 있다. 즉, 업무의 처리 속도를 늦추거나 이완이나 특별한 호흡법을 시행하는 것을 말한다. 또 스트레스를 받는 동안 몸 안에 축적된 에너지를 연소 또는 발산시키기 위해 에어로빅, 체조, 수영, 자전거 타기, 배드민턴, 테니스 등의 운동을 하는 방법도 있다. 페이스 조절은 운동으로 활기를 주거나 이완법을 통해 휴식을 주건 간에 스트레스의 누적이나 그로 말미암은 우울증을 예방해 줄 것이다.

우선 이완법을 살펴보자. 많은 방법이 있지만 보다 보편적이고 쉽게 실시할 수 있는 점은 점진적 이완법, 긍정적인 상상, 깊은 호흡 및 초점 파악법이다. 스트레스 조절의 시작이나 이 책에 기술된 다른 방법들의 효과에 확신을 얻고 싶다면, 전문가에게 상의해보는 것도 좋다.

24

직장에서 하는 스트레스 점진적 이완법

점진적 이완법은 1990년 초 에드먼드 제이콥슨에 의해 개발되었다. 그의 이론은 우리가 정서적으로 스트레스를 받을 때, 근육이 긴장되고, 굳어진 근육이 주는 육체적 부자유로 정신적 스트레스가 가중되기 때문에 정신적 긴장-근육의 긴장 악순환을 막는 데 있다. 또한, 이것은 각기 다른 근육군을 우선 긴장시켰다가 점차 긴장을 풀어주어 이완시키는 것을 반복하는 방법이다. 이 방법을 이용할 때는 이완될 때의 근육의 느낌에 정신을 집중한다. 다음은 간단한 단계이다.

(1) 편안한 의자에 앉거나, 머리를 벽에 대고 바닥에 누워 눈을 감는다.

(2) 오른손을 약 5초 동안 굳게 주먹 쥐고, 긴장시킨다.

(3) 손을 펴고 긴장을 풀면서 긴장될 때와 이완될 때의 느낌의 차이에 집중한다.

(4) 왼손과 상박, 어깨의 근육도 위와 같이 해본다.

(5) 목을 긴장시키고 있다가 긴장을 풀면서 이완되는 근육의 느낌에 집중한다.

(6) 할 수 있는 한 최대한으로 얼굴을 찌푸렸다가 이완시킨다.

(7) 할 수 있는 한도 내에서 가장 큰 미소를 지었다가 긴장을 푼다(미소 지을 때의 근육의 느낌을 기억해두었다가 이 근육을 찌푸리는 근육보다 더 많이 이용하도록 한다).

(8) 발가락을 들고(혹은 벽에다 밀고) 다리를 긴장시켰다가 이완시킨다. 이때도 긴장이 풀어지는 느낌에 집중한다.

(9) 깊이 숨을 들이쉬면서 흉근을 긴장시킨다. 숨을 내쉬고 긴장을 푼다. 다시 숨을 들이쉬고 잠시 참았다가 내쉬면서 자신이 얼마나 침착해지는가에 정신을 집중한다.

(10) 평화롭고, 즐거운 장면을 상상하고 잠시 그곳에서 즐긴다.

(11) 이제 천천히 넷을 세면서 눈을 뜬다. 의식이 완전히 되돌아오고 긴장이 풀린다.

매일 약 20분 동안 이 테크닉을 실시한다. 그러나 연습을 거듭하면서 실시 시간은 훨씬 짧아질 수 있다. 이 방법은 사무실에서 실시하기에는 적당하지 않다. 하지만 매일 틈을 내어 점진적 이완법을 실시하는 습관을 들이면 직장에서의 만족도뿐 아니라 전체적인 건강과 안정감에도 효과가 있을 것이다.

25
스트레스를 해소하는 깊은 호흡법

깊은 호흡은 대부분의 사무직 근로자들이 겪는 긴장의 누적을 막기 위해 이용할 수 있는 또 다른 간단한 테크닉이다. 다음과 같은 방법으로 한다.

(1) 똑바로 의자에 앉거나 편안하게 선다.

(2) 손바닥을 배에 댄다.

(3) 손을 대고 있는 배가 앞으로 나올 정도로 코를 통해 천천히 숨을 들이쉰다.

(4) 들이쉰 숨을 몇 초간 참는다.

(5) 약간 입을 오므리고 천천히 입으로 숨을 내쉰다. 긴장이 풀려가는 느낌에 주목한다.

(6) 할 수 있는 한 숨을 모두 내뱉었을 때 다시 위의 방법을 반복한다.

처음에는 몇 번씩 반복해야 한다. 몇 번 연습하고 나서 이런 방식으로 숨을 4~5차례 쉰다. 숨을 너무 빨리 쉬지 않도록 주의한다. 이 방법은 집에서는 물론 직장에서의 짧은 휴식 시간 동안에도 할 수 있다.

26
스트레스를 해소하는 긍정적인 상상

긍정적인 상상은 시간이 덜 들고 재미있는 또 다른 정신적 이완방법이다. 심리학자 제롬 L. 싱어에 따르면 다음 단계를 통해 효과적으로 긍정적인 상상을 할 수 있다.

(1) 의자에 기대어 가장 편안한 자세를 취한다.
(2) 눈을 감고 약 10차례, 천천히 코를 통해 숨을 들이쉬고, 입을 통해 내쉰다.
(3) 숨을 내쉴 때 속으로 '침착하자' '긴장을 풀자' '음…' 하고 반복한다.
(4) 약 2분 후 자신이 체험한 가장 기분 좋고, 아름답고, 평화로운 순간을 머릿속에 그리며 지금 자신이 그 장소에 있다고 상상한다. 긴장이 풀려가는 것이 느껴질 때까지 그 장면에 몰두한다.
(5) 눈을 뜨고 의자에서 몸을 일으켜 쭉 뻗는다. 이제 일을 다시 시작할 준비가 되었을 것이다.

27

스트레스를 해소하는 초점 파악

초점 파악은 스트레스의 정체를 밝히고 해소하는 데 효과적인 또 다른 방법이다. 이 방법은 심리학자 유진 젠들린이 개발한 것이다. 이것은 무언가 잘못되어 가고 있을 때, 스트레스 요인에 대해 근육이 긴장되거나 이를 가는 등의 반응으로 우리 몸이 나타내는 신호를 파악하는 방법이다. 매일 '스트레스 목록'을 만든다. 스트레스를 주거나 기분을 해치는 상황을 검토한다. 먼저 스트레스가 자신의 몸에 어떤 영향을 주는지, 다시 말해 목이나 등의 근육을 긴장시키는지 두통을 일으키는지 복통을 일으키는지 등을 인식해둘 필요가 있다. 이것이 밝혀지면, 어떤 스트레스 요인이 어느 정도로 영향을 주는지 적어둔다. 일단 그것을 적어두면, 스트레스의 영향을 무마시킬 해결책을 찾는 것이 더욱 쉬워진다. 이런 초점의 파악이나 분석법으로 우리는 스스로 스트레스를 통제할 수 있고 우리가 직면하는 변화에 적응하는 데 보다 유리한 위치를 점유할 수가 있다.

스트레스를 해소하는 효과적인 이완법

자신이 먹는 음식이나 음료를 세심히 관찰해보는 것도 도움이 될 수 있다. 카페인은 흥분제이다. 카페인을 섭취한 후에는 짧은 시간 동안 머릿속이 맑아지는 것을 느낄 수 있다. 하지만 곧 기분이 처지고, 불안하고, 신경이 날카로워지고, 하고 있는 일에 집중하는 것이 더 어려워진다.

식단에서 여러 가지 음식을 빼 보고 그때 자신의 기분을 살펴보자. 단 것, 카페인, 가공식품의 섭취를 삼가고 육류, 치즈, 달걀, 견과류, 야채류, 과일, 주스, 물 등을 섭취하면 자기 일과 인생의 도전을 보다 유연하고 긍정적으로 바라보는 데 도움이 된다. 식단에서 정제 설탕과 카페인을 완전히 빼버리면, 두통과 피로 같은 위축 증세가 발생할 수 있다. 그러므로 필요하다면, 건강 전문가에게 상담을 받아본다.

요가의 개념과 철학을 알고 실시하면, 스트레스로 인한 긴장을 극복하고 휴식을 찾는 데 대단한 효과를 얻을 수 있다. 천천히 하는 극히 절제된 요가 체조와 더불어 깊고 리듬감 있는 호흡은 분명 주의 깊게 고려할 만한 가치가 있다. 요즘에는 요가에 관한 책과 강좌를 많이 접할 수 있다. 그러나 요가를 시작할 때는 사전 주의사항을 충분히 알아두는 것이 중요하다. 따라서 요가전문 강사에게 먼저 강습을 받는다.

마사지로 연한 조직을 펴고 이완시키는 것도 스트레스로 인한 긴장의 누적을 막는 데 도움이 된다. 마사지는 적당한 면허와 자격이 인정된 사람들에게서 받아야만 한다.

위에 논의된 방법들은 우리 몸의 긴장을 풀기 위해 휴식을 취함으로써 스트레스의 영향을 무마시키는 방법들이다. 자신의 스트레스 요인이 무엇인지를 발견함으로써 스트레스를 처리할 계획을 세울 때, 그것에 특별한 관심을 기울여야 한다. 개인이나 가족생활은 물론 스트레스가 심한 업무에서 살아남고, 그러한 스트레스를 바탕으로 발전하기 위해서 매일 스트레스 줄이는 방법을 실시하는 습관을 들이는 것이 무엇보다 중요하다.

운동은 스트레스 조절 기능

이제 스트레스의 영향으로 생성된 에너지를 소모하거나 발산하여 운동으로 활기를 얻는 방법을 알아보자. 우리의 몸은 스트레스를 받는 동안 화학 물질을 만들어내어 면역반응을 활성화한다. 그러나 의사에 앉아서 일하며, 제한된 움직임만 하므로 근육은 긴장되어 있고, 우리의 몸은 격렬하거나 재빠른 활동을 하기 위한 준비가 되어 있지 않다.

스트레스를 줄이기 위한 한 방법으로 구조적인 운동은 매우 효과적이다. 우리는 채워지지 않은 물리적 행동의 욕구를 체계적으로 발산하는 시간을 가져야 한다. 연구 결과 스트레스를 받고 있는 사람 중 규칙적으로 운동하는 사람들은 그렇지 않은 사람들보다 건강하다는 것이 밝혀졌다.

운동은 스트레스로 인한 육체적 긴장을 풀어주고 냉정함을 되찾게 해주는 효과가 있다. 재미있는 운동은 좋은 취미 활동이 되는 것은 물론이고, 일상의 스트레스로부터 주의를 환기하고, 개인적 성취감도 맛보게 해준다. 미국 캘리포니아 대학 운동연구소의 생리학자 허버트 A. 드브리스 박사의 연구에 따르면 규칙적인 걷기나 자전거 타기 등의 리듬감 있는 가벼운 운동이라도 진정제 같은 부작용이 있는 약물보다는 부작용도 없이 스트레스의 조절에 더욱 큰 효과가 있다고 한다.

운동은 스트레스 조절과 전반적인 건강에 필수적인 요소로서 이에 대해서는 다음 장에서 집중적으로 다루겠다. 자신이 정한 스케줄에 따라 자신이 할 수 있는 것을 할 수 있을 때에 하라. 재미있고도 자신의 건강

유지에 도움이 되는 운동을 선택하는 것이 중요하다. 그렇지 않으면, 운동을 억지로 하게 된다. 그러면 오히려 스트레스가 생길 뿐 아니라 끊임없이 그 운동을 미루거나 그만둘 구실을 찾게 된다. 최대의 효과를 보려면 규칙적으로 지속적으로 운동해야 한다. 운동으로 자신의 몸이 원하는 것을 제공하는 것에 만족을 느껴라.

웃음 또한 대단한 치료의 효과가 있다. 농담을 듣고 웃거나, 삶이나 자기 자신에 대해 웃어넘기는 것은 스트레스를 멀리 놓고 객관적으로 바라보게 해준다. 웃음은 격렬한 운동처럼 정서적, 정신적 필요를 만족시켜줄 뿐 아니라, 체내의 건강과 행복을 조장하는 바람직한 화학적 변화를 일으켜서, 분명 기분을 더욱 밝게 해준다. 미국의 저명한 작가이자 편집인인 노만 커즌스는 '웃음'을 스트레스라는 '난치병'을 치료하기 위한 '정신적 조깅'이라고 표현한다.

앞에서도 언급했지만, 취미생활도 스트레스에서 주의를 환기 시키는 데 중요한 기능을 할 수 있다. 우리는 재미있는 취미를 즐기기에 더할 나위 없이 좋은 시대에 살고 있다. 자신이 좋아하고 정신적, 육체적으로 자신에게 더 이상 스트레스를 주지 않는 취미를 선택하라. 음악, 영화, 댄싱 혹은 자신에게 흥미가 있고, 긴장을 풀어주며, 마음을 재정비할 기회를 주는 그 외의 활동을 포함하여 자신에게 즐거움을 주는 것은 무엇이든 이용하라.

스트레스에 대한 저항력

만약 스트레스로 가득 찬 삶에서 성공적으로 살아남고 싶다면, 스트레스에 강한 사람의 속성과 시각을 배울 필요가 있다. 수잔느 O. 코바사 박사와 살바토레 R. 매디 박사는 그들의 저서 〈강인한 사장님 : 스트레스 상황에서의 건강〉에서 스트레스에 직면하는 데 성공하는 사람은 그렇지 못한 사람들에게서 발견할 수 없는 3가지 특징을 가진다고 했다.

변화를 자신의 안전에 대한 위협으로 보는 배짱이 부족한 사람들과는 달리 정신력이 강한 사람들은 변화를 정복해야 할 자연스러운 도전으로 본다. 그들은 인생이란 부단한 노력을 필요로 하지만 본질적으로 흥미진진한 것으로 보고 변화를 개선의 기회로 환영한다. 그들은 또한 자기 자신과 자신의 가족, 직장 및 다른 중요한 가치에 대한 책임감이 무척 강하다. 자신의 업무를 지루하거나 의미 없는 것으로 여기는 나약한 사람들과는 대조적으로 이들은 열성과 흥미를 가지고 최선을 다해 자신이 중요하다고 생각하는 일을 한다. 강인한 사람은 낙관적이고 자신의 삶을 스스로 통제한다. 자신을 자기로써는 어쩔 수 없는 운명의 수동적인 희생자로 보고 항상 나쁜 쪽으로만 생각하는 다양한 사람들과는 달리, 이들은 자신이 사태에 영향력을 미칠 수 있다고 믿는다. 상황의 겉면만 보고 평가하기 보다는 그들은 부딪히는 부정적인 것을 자신에게 이롭게 활용하려 한다.

그렇다면 이런 정신력을 얻기 위해 노력해야 하는 이유는 무엇일까?

코바사 박사와 매디 박사는 연구를 통해 인생의 스트레스와 변화를 도전의식과 책임감을 가지고, 자신감에 가득 찬 시각으로 보는 사람들이 병에 걸릴 확률은 같은 정도의 스트레스에 직면하여 배짱이 없는 사람들의 절반 수준에 못 미친다는 것을 밝혀냈다.

이런 정신적인 근원은 유전적 성향, 이완법 또는 운동보다 중요하고 효과적인 반스트레스 요인으로 판명되었다. 특히 흥미로운 것은 이런 배짱 있는 성격은 대개는 어린 시절에 학습되는 것이지만, 그 후에 개발될 수도 있다는 사실이다. 그것은 우리 자신의 선택에 달렸다. 우리가 기꺼이 자신의 태도를 바꾸고 적당한 습관을 형성하려 한다면, 우리는 그렇게 할 수 있다.

직장에서의 스트레스는 실직에 대한 두려움, 자기 일에 대한 이해부족, 사무 장비(특히 컴퓨터 단말기와 키보드)의 기능과 사용법에 대한 이해 부족, 또는 거래처 사람이나 고객을 효과적으로 대하는 방법에서의 무지 등으로 발생할 수 있다. 우선 자신의 업무를 어떻게 해야 하는지 묻고 배우며, 직장에서 자신에게 기대하는 것이 무엇인지를 이해하기 위한 시간을 충분히 가진다. 이렇게 자신의 직업과 업무에서 잘 알 수 없는 분야를 줄여나가는 것은 직장에서의 스트레스를 크게 줄여준다.

책상 위에 남아 있는 끝내지 못한 일이 스트레스의 주원인이 될 수도 있다. 우리는 무의식적으로 끝내지 못한 일을 생각하고 걱정하는 경향이 있으며, 이 때문에 스트레스와 그 영향에서 벗어나는 것이 어려워진다. 자신이 하기로 결정한 일을 깨끗이 완결하거나 미루는 것을 가능한 한 신속하게 결정하라. 직장일을 끝내는 것은 말하자면 장거리 달리기 코스를 완주하는 것만큼이나 정신적 카타르시스가 된다.

스트레스 누적의 영향인 두통, 요통, 불면증, 우울증, 고혈압, 위궤양, 심장병 등으로 고생하게 되는 것을 예방하기 위해서 우리가 할 수 있는 일은 많다. 이런 잠재적인 적을 친구로 바꾸는 데 필요한 모든 방법을 취해보고, 필요할 경우, 전문가의 조언을 구한다.

우리의 인생은 지금 빠르게 변하고 있고, 앞으로도 계속해서 변해갈 것이라는 사실에는 의심의 여지가 없다. 성공적으로 살아남기 위한 우리의 능력은 이러한 변화를 바라보고, 이해하고, 그에 적응하고, 그 변화에 맞추어 우리의 몸을 관리하는 능력과 직접적으로 관련되어 있다.

제4장

직장에서 성공하는
사람과 실패하는 사람

직장에서 성공하는 사람과 실패하는 사람의 차이점은 분명하다.

31

성공과 실패

우리 주변에는 성공한 사람이라 불리는 사람과 실패한 사람이라 불리는 사람들이 있다. 성공한 사람들의 공통점을 찾아보고 실패한 사람들의 실패요인을 찾아보아 성공과 실패하는 요인들을 심오하게 검토할 필요가 있다.

우리의 삶이 성공인지 실패인지 알기 위해선 우리가 일상생활 주변이나 조직생활에서 목표를 어떻게 설정했고 그것에 도달하기 위해 어떤 노력하였는지를 생각해 볼 필요가 있다. 왜냐하면, 진정한 성공이란 신이 주신 기회를 받아들이며 신에 의해 영감 받은 목표를 위해 110% 자신이 최선의 노력을 기울이는 것이기 때문이다. 성공은 자신이 실패하는 모든 순간을 기다릴 수 있는 것이다. 어떤 사업을 했을 때 실패하기 전까지는 그의 노력은 완성된 것이 아니며 성공한 것도 아니다. 실패하면서 다른 좋은 방법을 선택하여 실시하면서 성공에 도달하게 되는 것이다. 성공은 일상생활에서 자신의 주변에서 나타나는 모든 새로운 기회들을 보는 것 뿐만 아니라, 자신의 잠재력을 발견하고 발전시켜나가는 것이다.

성공이란 결코 멈추지 않는 과정이란 것을 알아야 한다. 그래서 진정한 성공은 어떠한 문제를 해결했는지와 새로운 문제들에 봉착했을 때, 자신이 얼마나 매력적이고 긍정적으로 되어 가는가로 측정될 것이다.

자신은 명성과 부를 획득하고 다른 사람들은 도와주는 수단일 뿐이라면 그 성공은 얄팍한 목표이다. 진정한 성공은 당신에게 물질적, 정신적 풍요로움을 동시에 가져다주는 것이어야 한다.

32

성공의 의미

성공한 사람들의 주위에는 좋은 사람들이 많다. 넓은 인맥은 그들이 가진 막강한 힘이자 성공의 원천이다. 대인관계에 강한 사람이 일에도 능하듯이 사람과의 협력이 경쟁력이 되는 시대에는 어떤 사람과 관계를 맺느냐가 매우 중요하다. 다양한 사람들을 만나 자신과 뜻을 같이할 수 있도록 우정을 쌓아라. 사람보다 훌륭한 자산은 없다.

성공이란 상대적인 것이다. 성공은 어떤 특정한 목적지가 아니고 하나의 과정이며 모험이다. 자신의 목표를 달성하기 위해 업무를 수행하는 도중에 그 과정은 변할 수 있으나 성공은 틀림없이 자신이 바라는 물질적인 풍요를 가져올 것이다. 사람이 살아가는 데 있어서 기쁨이나 안락함을 원하는 건전한 욕망은 성공에의 훌륭한 자극제가 된다. 또한 목표 달성을 확인하는 순간에 더 큰 사업을 구상하고 실행해 나갈 것이다.

성공한 사람은 도중에 포기하지 않는다. 성취의 보람을 느끼고 또 도전하고 보람을 느끼고 때론 실패의 쓴맛도 보고 또 다시 일어서는 성공의 과정은 양념처럼 첨가되는 쓰라린 경험까지를 포함한 과정이다. 그래서 성공은 자기 능력의 발산이며 자기 존재의 확인인 동시에 도전이다. 성공은 끊임없는 실현의 연속이며, 완성이 아니라 획득한 성공을 가지고 또 다시 실현해가는 것을 의미한다.

33

직장에서 성공해야 하는 이유

스스로에게 '왜 성공해야 하는가?' '성공하지 않으면 왜 안 되는가?'라는 질문하면 그 답은 '그렇다', '아니다' 중 하나일 것이다. 그렇다면 우리는 왜 성공해야 하는가? 왜 성공하지 않으면 안 되는가에 대해서 명확히 해 둘 필요가 있다.

하나뿐인 생명을 가지고 단 한 번으로 끝나는 인생게임을 하는 우리가 이 게임에서 진다면 그것은 패배자의 삶이 될 수밖에 없기 때문이다. 우리 인간도 각각 자기 몫에 맞는 성공으로 인생의 꽃을 피워야 한다.

성공은 자신의 권리이자 의무이다. 따라서 성공할 권리를 행사하고 성공의 의무를 이행하는 사람을 사회는 스스로 바로 선 사람이라고 인정해 주고 있다. 왜 성공해야 하는가? 라는 이유는 성공이 실패보다는 행복에 가깝기 때문이며 자신의 취미 생활이 불행해지는 것이 아니라면 성공해야 한다. 그것은 멋진 일이고 자신의 능력을 발휘하는 것이기 때문이다.

34
성공의 조건

성공하지 못하면 실패자의 삶을 살면 된다. 단 자신이 살아가는 데 별로 기대할 것이 없으니 불평해서는 안 된다. 불평, 불만은 실패자의 전용되는 태도이다. 실패자의 삶에는 없는 것이 많다. 우선 행복이 가까이 있지 않다. 실패자이면서 행복하다고 하는 사람은 없을 것이다. 실패자는 물질적 풍요가 없고 정신적, 물질적 결핍 속에서 살아야 하는 경우가 많다. 근면, 성실, 결단력, 인내가 없다. 모범이 되거나 배워봄직한 생각, 행동이 드물다. 따라서 자신 나름대로 최선을 다한 실패자는 세상에 존재하지 않는다. 실패는 최종적이 아니고 지금 실패했다고 해서 내일도 실패해서는 안 된다. 왜냐하면, 성공은 끝이 없고 실패도 최종적이 아니기 때문에 성공하기 위해 행복을 찾아서 다시 도전해야만 한다.

35

정보화시대 직장생활

직장인 중 가장 불행한 사람이 아침에 일어나면 "오늘 회사에 가고 싶지 않다."는 푸념을 입버릇처럼 하는 사람이다. 직장인 중 어느 누가 한두 번 그런 생각을 안 해봤을까마는 자신이나 조직, 모두에게 도움이 안 되기는 마찬가지다. 심하면 정말 중한 병이 되는 출근 도피 현상의 원인은 자기직업이 적성과 맞지 않거나, 과로에 시달리거나, 자기 일에 비해 보수가 형편없거나 하는 여러 가지 이유가 있을 수 있겠지만, 직장 상사 또는 동료 간의 인간관계에서 비롯되는 게 보편적인 것 같다.

그러나 사람 사이의 일은 말처럼 해결이 쉽지 않다는 데 문제의 심각성이 있다. 경영환경에 적응하고 신명 나는 직장생활을 하기 위해 상사로부터 신임을 받고, 동료로부터 신뢰를 받고, 후배들로부터 존경을 받을 때 절로 가능하게 된다. 또한, 그런 혜택은 소수나 누리는 영광이고 결국 다수인 대부분은 직장에 대해 어느 정도 불만을 느끼고 있다.

그러한 불만은 역으로 자기계발의 계기를 마련하여, 미래의 토대가 되기도 한다. 문제는 자기 노력의 성과를 상사나 동료에게 빼앗기고 잘못은 사사건건 뒤집어쓰는 경우가 있다. 게다가 존엄한 인간성은 둘째로 치더라도 직급을 이용, 사사건건 면박을 주면 그야말로 노이로제 상태에 빠지게 된다. 그런 상태에서 일이 제대로 될 리 없고 그런 조직이 발전을 가져올 리 만무하다. 다행히도 그런 병폐는 정보화 시대에는 많이 완화될 것으로 보인다. 조직이 변화하지 않으면 살아남을 수 없는 시대가 도래한 것이다.

　이러한 정보화시대에는 대다수 지식은 공유할 수 있기 때문에 독창성과 속도에 따라 조직의 생존이 결정된다. 남들이 생각 못한 독창적인 아이디어와 가치로 경쟁해야 하는 것은 물론 빠른 의사결정이 이루어져야 하므로 개인의 개성과 공동체의 특성이 조화를 이루어야만 한다. 하부 조직의 자율적인 책임을 강조는 하되 자유로운 의사개진이 되도록 시스템을 가동해야 한다.

36
직장이란

직장이란 학교나 가정에서 벗어나 지금의 세계와는 다른 계층과 나이로 구성된 사회이다. 그리고 노동력을 대가로 임금을 받으며 나이, 상식, 지식, 성격, 사고방식, 학력 등이 각기 다른 사람들이 모여 그 직위에 따라 수직 관계를 맺으며 각자가 맡은 업무를 바탕으로 하나의 목표를 달성하기 위해 협력하고 추진하는 조직체이다.

직장의 특징은 일체의 개인적인 이유가 성립되지 않는다. 직장의 구성원이 임무를 다하지 못하게 되면 그 공백만큼 업무추진이나 목표달성이 어긋나게 되고 결국에는 회사, 또는 구성원에게 피해를 주게 된다.

직장인이란

직장인이란 넓은 의미로 직장에서 일하는 사람이다. 여기서는 아래와 같이 의미를 부여할 수 있다. 직장인이란 타인의 회사(법인, 개인사업소를 포함) 정부, 공공단체 조직의 구성원으로서 관계 법령이 정하는 바에 따라 일정한 노동력을 제공하고 그 반대급부로 일정한 급여를 지급 받아 이를 물질적, 정신적 소요에 충당하며 생활하는 자이다. 이 경우의 직장은 최소한 2인 이상이 팀을 이루어 구성된 조직이어야 하고 가치를 생산하는 곳이어야 한다. 이것이 바로 우리 자신의 직장이라고 말할 수 있다.

직장생활의 3원칙

[1] 약속은 반드시 지킨다.

(1) 약속을 하기 전에 지킬 수 있는가를 미리 생각한다.

(2) 약속한 일은 아무리 사소한 일이라도 반드시 지킨다.

(3) 직장인의 생명은 약속한 것은 어떤 경우라도 반드시 이행하는 것이다.

[2] 상대방의 입장을 존중한다.

(1) 절대로 주위 사람들에게 피해가 되지 않도록 행동해야 한다.

(2) 항상 자신보다는 상대방 입장에서 먼저 생각하고 이해하는 마음으로 존중하는 자세를 가진다.

[3] 능률을 먼저 생각한다.

(1) 직장이란 처음부터 종료 시까지 생산성과 능률을 따지는 곳이다.

(2) 따라서 일이 어렵다거나 완벽하게 하기 위해서라고 하더라도 온종일 마무리를 짓지 못한다면 그것은 직장인으로서는 부적격한 사람이니 항상 능률과 생산성을 생각하고 일에 임하도록 한다.

(3) 직장은 가능한 일만을 요구하는 곳이며 따라서 그 일에 필요한 시간도 미리 계산하고 있다는 점을 언제나 잊어서는 안 된다.

직장인으로서 마음가짐

직장은 공동이익을 최대한으로 추구하는 곳이다. 자기 계발에 힘을 다하고 항상 긍지를 갖고 진실한 마음가짐으로 최선을 다해야 한다. 아무리 사소한 일이라도 직장에서의 예절을 바르게 배우고 행동하여 사랑받는 직장인이 되도록 하는 것이 직장인의 최고의 직무이다. 그러기 위해서는 항상 마음은 겸손하고 행동은 절도 있고 청렴해야 한다.

직장인의 성공이란?

성공이 직업에 따라 다를 수도 있다. 개인능력을 발휘하는 개인 사업가나 예술인 등의 성공과 직장인의 성공이 다른 방법으로 이루어지는 것을 알 수 있으며 직장인의 성공의미를 알아보면 다음과 같다.

* 자기가 수행하고 있는 업무에 있어서 성공적인 수행실적이 있고 나이에 맞게 적절한 지위를 확보하고 있으며 일에 대한 높은 자기 만족감을 가지고 상사, 동료, 후배로부터 인간적으로 인정을 받으며 행복한 개인, 가정생활을 영위해 가는 것을 말한다.

직장에서의 적응

높은 업무수행 실적이 있으려면 상사, 동료, 후배로부터의 인간적인 신뢰가 선행되어야 하며 이를 바탕으로 팀워크를 발휘함으로써 과업달성과 업무실적이 쌓이는 것이다.

직장인으로 성공하는 것은 멋이 있고 수많은 직장인 중에서 성공하는 직장인이 되는 것은 결코 어렵지 않다. 직장 생활에 적응하여 자기 일에 가치를 창출하고 보람을 느끼는 사람은 성공적인 직장인이 될 수 있다. 직장인의 성공이란 직장인의 의무요 권리이다. 직장인의 성공이란 회사를 발전시키는 힘이 되는 것이며 타인의 실적이 무엇인지 묻지 말고 자신의 실적이 무엇인지 보여 주어야 성공한 직장인이 될 수 있다.

신뢰받는 직원상

직장을 잃은 사람이 수십만 명에 가까우며 학교를 졸업하고 취직을 못한 미취업자는 물론 취업자들조차 실직의 위기감에 빠져 있다. 이러한 상황 속에서 퇴출당하지 않고 생존하기 위해 경영자와 조직구성원은 자신의 능력과 노력이 있어야 할 것이다.

21세기의 무한 경쟁시대 경영환경을 극복하고 기업이 원하는 직원을 생각해보면 다음과 같다.

첫째, 지성이다. 학교에서 배우는 교양과목과 외국어 등 직무수행에 필요한 기초지식과 전공분야에 대한 깊은 지식 외에도 사회생활에서 또 다른 지식을 많이 쌓지 않으면 안 된다. 영어, 컴퓨터, 운전면허, 한자 등 업무수행에 필요한 최소한의 지식이며 더 나아가 직장에서 대학 시절의

전공학문과 다른 분야에서 일하게 되면 담당분야에 관한 지식도 쌓아야
한다.

둘째, 덕성이다. 착하고 참된 인성, 강인한 의지력, 일과 배움에 대한
정열과 근면성, 긍정적인 사고와 미래지향적인 소양을 갖추어야 한다.

셋째, 체력이다. 인간 생활은 건강한 체력에서 시작된다. 건강한 사람
과 병약한 사람이 있지만 건강하지 못한 사람은 직장에서 견디기 어렵다.
평소 운동이나 휴식으로 건강을 관리해야 한다. 몸을 늘 청결히 하고 외
모를 아름답고 세련되게 가꿔야 한다. 그리고 어떤 일이든 바쁘게 처리하
는 사원, 투철한 기업가 정신으로 시대 흐름에 긍정적으로 대응하는 사
원, 늘 배움에 힘써 자기 능력과 자질을 향상하는 사원, 인의예지신, 즉
사랑을 베풀고 의리가 있으며 예의 바르게 매사에 슬기롭게 대처하며 약
속을 어기지 않는 믿음이 깊은 인재가 기업이 바라는 직원상이다.

친절은 직장인의 경쟁력

최근 IQ(Intelligent Quotient, 지능지수)의 시대를 거쳐 EQ(Emotional
Quotient, 감정지수)의 시대를 거쳐 MQ(Moral Quotient, 도덕지능지
수)의 시대라고 한다. 미국의 콜스 교수와 에머슨 교수에 의하면 인간이
살아가는 데 있어서 중요한 것이 세 가지가 있는데 그것은 첫째도 친절,
둘째도 친절, 셋째도 친절이라고 강조하면서 MQ를 설명하고 있다.

자녀가 부모에게, 부모가 자녀에게, 상사가 부하에게, 부하가 상사에게, 후배가 선배에게, 선배가 후배에게 친절해야 한다. 직원이 얼마나 친절한 태도를 보이는가에 따라 그 조직의 인상이 달라지며 이는 그 기업의 성공과도 연결될 수 있다. 현재와 같이 쏟아지는 정보와 통신의 발달은 고객의 선택 폭을 넓혀 놓았다. 진심으로 우러나오는, 고객이 느낄 수 있는 친절을 베푸는 것은 직장인의 큰 경쟁력이 될 수 있다. 기분 좋게 고객이나 상사, 부하, 선배, 후배의 마음을 감동하게 해야 한다.

직장인의 성공 필수요건

보통 사람들은 성공한 사람은 명문대 출신이어야 성공한다는 생각을 하고 있다. 그들 중에는 명문대 출신도 있고 부모가 부자인 사람, 전문적인 기술을 가진 사람, 유난히 사교성이 좋아 사업을 잘하는 사람들도 있다. 그러나 명문대 출신이 아닌 경우가 더 많다. 학력이 좋은 사람은 그 자리에 안주하고 안일하게 세월을 보냈던 것 같다. 반면 학력이 좋지 않아 도전했던 사람 중에는 성공하는 경우가 많다. 그들의 특징을 보면 다음과 같다.

첫째, 자신을 사랑하고 일에 대한 확신이 있는 사람이다.

둘째, 넓게 보고 깊이 생각하는 사람이다. 그래서 자기 손해도 보고 남도 배려할 줄 아는 사람이다.

셋째, 이면적 사고자이다. 꾀와 술수보다 뚜벅뚜벅 자기의 길을 가는 사람이다. 마음속에 따뜻한 마음을 가지고 남의 뒤통수치지 않는 사람이 성공하는 것을 본다. 사교성이 아주 좋아 사업을 잘하는 사람은 시간이 지나고 보면 타인의 신뢰를 얻지 못해 실패하는 경우가 많다. 술수와 꾀는 절대 오래 못 가는 것이다.

마지막으로 믿음이 있는 사람이다. 미국의 존 와나메카, 록펠러 등 이런 대기업가는 종교적 영감을 가지고 성공한 경우가 있다. 사실 사업을 시작하다 보면 너무나도 어려운 역경에 처할 때가 많다. 또한, 어려운 일은 계속해서 꼬리를 물고 일어난다. 그때 경영자는 외롭고 어렵다. 그 많은 고민도 스스로 해결해야 한다. 그의 공포와 외로움은 겪어보지 못한 사람은 알 수 없을 것이다. 경영자는 고독과 외로움을 극복할 방법으로 인내가 필요하며 이를 위해 마음을 수양할 수 있는 기회와 육체적 활동으로 고뇌 등을 씻어버려야 한다.

제5장

성공하기 위해
회사의 업무를 이해하라

회사에서 성공하기 위해선 회사를 이해하는 것이 좋다.

37

회사의 조직은 어떻게 운영되고 있는가?

조직이라고 하면 우선 속박과 부자유라는 이미지를 생각하는 것이 보통이다. 그렇다면 부자유와는 반대되는 자유로운 조직이라는 것을 생각하여 보기로 하자.

회사의 규정 같은 것은 말할 것도 없고 자기가 원하는 시간에 출근하며 자기가 하고 싶은 일을 마음대로 하고 퇴근하고 싶은 시간에 마음대로 퇴근하는 이런 자유로운 조직이 있다고 가정한다면 곤란을 겪는 것은 누구일까. 그것은 바로 종업원 자신이며 당신 자신이다. 그 이유는 중대한 보고를 하려 해도 상사가 없다. 일을 상의하고 싶어도 동료 직원이 언제 출근할지를 모른다. 결국, 자유가 궁극적으로 가져다주는 것은 이와 같은 불편함뿐이다. 인간이 인간을 위하여 만든 조직이 인간성을 박탈할 리는 없다. 오히려 조직은 인간성을 키워준다. 기업이란 세상에 도움이 되는 사업이며 경영이란 사람과 조직을 가지고 그것을 뒷받침하고 돕는 것이다. 다시 말하면 조직이란 도움이 되는 사업이라는 기업 목적을 수행하기 위한 수단이며 극히 인간적이다.

고객의 창조, 고객을 만들어내는 것, 고객을 증가시키는 것을 의미한다. 고객에게 도움이 되는 마음, 즉 기쁜 마음으로 받아들이는 재화와 서비스를 제공하는 일이다. 따라서 기업목적을 수행하기 위하여 조직이 필요해지는 것이다. 혼자서 하나하나 고객을 증가시키는 것보다는 복수의 인간이 조직을 동원하여 증가시키는 것이 효율적이라는 점에는 반론이 있을 수 없다. 그 이유는 조직에는 부가가치가 따르기 때문이다.

이처럼 조직 속의 한 사람 한 사람에게 부가가치 다시 말해서 실력 이상의 플러스알파가 발휘되는 것이다. 조직이 사람을 육성하고 훈련해준다는 것은 바로 이런 점을 말하는 것이다.

그러나 조직이 있든 없든 고객에게 도움을 주고 그러한 과정에서 이익을 창출하려 하는 이상 고객에게 속박당하는 것은 어쩔 수가 없다. 그 이유는 조직이 회사를 위해서라기보다는 고객을 위해서이기 때문이다. 기업이든 자유업이든 고객을 부정하고서는 경영이 성립되지 못한다. 그래서 구성원은 사회인으로서 경제적 풍요와 정신적 풍요를 추구해야 할 입장이라면

첫째, 조직이란 고객을 위해서 존재한다는 것을 이해해야 한다. 그다음에는 조직의 구속과 속박을 고맙다고 생각해야 한다. 그것은 당신에게 일하는 보람과 삶의 보람을 가져다주는 양식이기 때문이며 동시에 종업원은 자유를 가진 부자유스러움의 진정한 의미도 알게 될 것이다.

둘째, 상사는 적이 아니라 최대의 협력자이다. 매일매일 상대해야 하고 작은 일에도 잔소리가 많으며 때로는 야단을 치는 상사는 신입사원으로서는 적처럼 느껴질 때가 많다. 그러나 이런 생각은 잘못된 것이다. 상사는 직원들의 최대의 지원자이다. 예를 들면 당신이 하는 일에 실수가 발생하든가, 어려움에 봉착했을 때 가장 걱정하며 상담에 응해 주고

전면적으로 도움을 주는 사람은 상사 이외에는 없다. 부하의 실패가 클수록 상사는 자기 일처럼 걱정하고 필사적으로 그 대책을 강구해 준다.

따라서 부하인 당신에게 그것은 너의 책임이라고 외면하는 상사는 거의 없을 것이다. 그리고 당신이 자신의 과오를 상사에게 보고한 순간부터 그 책임은 상사에게 지워지는 것이다. 따라서 나쁜 일일수록 신속히 보고하여 상사에게 책임을 지게 하고 자신은 거기서 벗어나야 한다.

그럼에도 불구하고 섣부른 책임감 때문에 언제까지나 잘못을 자신이 간직하면서 고민을 하고 나아가서는 시기를 놓쳐서 더욱 곤란한 처지에 빠지는 경우가 있는 것이다. 그러나 잘못된 것을 스스로 감추기보다는 적극적으로 해결방법을 모색해야 한다. 스스로 처리할 수 있느냐 없느냐를 분간하는 일도 중요하지만 어떻게 처리해야 할지 판단이 서지 않을 때는 즉시 상사와 의논해야 한다.

셋째, 인재육성을 위한 좋은 조직의 조건이란 어떤 것인가? 최근에 조직문화라는 말을 자주 듣는다. 경영하는 데 중요한 핵심요소라고 한다. 그 조직의 최고 경영자의 경영이념으로 작용하고 있는 것이다. 또한, 조직문화를 통해서 당신은 사회인으로서의 인격을 형성하고 조직은 발전하고 성장 할 수 있다. 그러면 좋은 조직이란 어떤 것일까. 좋은 조직의 조건을 보면 다음과 같다.

명령계통이 단일화되어 있어야 한다.

명령계통이 복수이거나 동시에 각기 다른 명령이 내리는 조직은 혼란을 면하기 어렵다.

관리자가 관리하는 인원이 물리적 한계를 넘지 않고 관리체계가 세분되어 있어야 한다.

한 사람의 관리자가 관리할 수 있는 인원을 배치해야 한다. 한 사람이 감독할 수 있는 인원은 기껏 5~8명이다. 10명 이상이 되면 철저한 관리가 불가능하고 부하도 일을 체계적으로 하지 못한다.

책임과 권한이 대등해야 한다

책임과 권한 중 어느 한 쪽이 크거나 적으면 정상적인 운영을 할 수 없다. 양측이 균형 잡힌 조직이 좋은 조직인 것이다. 일반적으로 부하에게 책임감을 갖게 하려면 상사는 과감하게 부하에게 권한을 주어야 한다. 그렇게 하는 것이 부하도 일하기 쉽고 나아가서는 업적 향상과도 연결된다.

업적달성과 직원의 능력 향상이 항상 동시에 나타나야 한다. 매일매일 업무를 수행해 가는 동안에 직원의 능력이 향상되는 조직 시스템이 도입되어 있는가가 중요하다. 이것이 결여되어 있으면 직원은 언제까지나 업무에 쫓기게 될 뿐이다. 무엇보다도 직원의 능력이 향상되지 않는한 업무의 달성 역시 불가능하다는 것을 잊어서는 안 된다.

이상 네 가지 조건을 충족한 조직은 좋은 조직이라고 할 수 있다. 반대로 이 조건이 결여된 조직은 나쁜 조직이라고 할 수 있다.

강한 조직은 시너지 효과를 얻는다

조직이란 두 사람의 인간을 모아 그 인원이 갖는 힘 이상의 성과를 올리는 것을 목적으로 한다. 따라서 1+1이 3 이상이 되지 못하면 조직을 형성할 필요가 없다. 그러나 세상에는 1+1이 2 이하인 조직도 많이 있다. 이처럼 효율성이 없는 약한 조직은 그냥 두어도 자연히 소멸한다. 그러나 강한 조직에는 정확하게 부가가치가 증대된다. 각자가 자기가 잘하는 분야에서 플러스알파를 창출함으로써 잘하지 못하는 분야를 커버하는 체제가 이루어지기 때문이다. 이와 같은 강한 조직을 가진 기업은 가만히 있어도 자연히 성장한다.

38

회사의 방침

회사에는 사훈 같은 경영이념이나 경영철학이라 불리는 것이 있다. 최근에 CI(Company Image)라고 하는 용어가 사용되기도 한다. 그러면 그 방침은 누가 만드는 것일까. 두말할 것도 없이 경영자이다. 또한, 방침은 회사와 자신의 얼굴이다. 기업이란 고객에게 도움이 되는 사업이며 경영이 그 수단인 이상 멋진 방침, 뛰어난 방침 그리고 당연한 방침을 세우겠지만, 말로는 쉽지만 행동하긴 어렵다. 결국, 기업의 존재가치는 당연한 일로 당연하게 실행하는 것이 아닌가 생각된다. 그래서 일단 취직을 하면 인생의 태반을 기업이라는 조직 속에서 지내야 한다. 그 기업에 방침이 없든가, 있더라도 유명무실하든가 하면 조직이든 개인이든 당신의 인생 자체에도 방침이 없는 결과가 되는 것이 아닐까? 이처럼 방침은 그 기업의 얼굴이며 그곳에서 일하는 사람들의 얼굴이기도 한 것이다.

　회사의 방침과 자신의 목표가 정확히 일치한다면 이처럼 큰 행운은 없다. 자기가 하고 싶은 일 좋아하는 일을 많이 할 수 있고 회사의 입장에서도 메리트시스템(적재적소)을 채용할 수 있으며 이렇게 될 경우 그 힘은 2배, 3배로 늘어나기 때문이다. 그러나 모든 종업원이 이와 같은 행운을 만날 수 없다. 개중에는 회사의 방침에서 자신이 하고 싶은 일과 적성에 맞는 일을 찾지 못하고 고민하는 신입직원도 많이 있다. 그 이유는 결국 직원모집에 응모할 단계부터 회사의 방침을 대수롭지 않게 생각했기 때문이다. 따라서 각 회사의 방침을 비교해 보고 경영자의 마음을 상상하면서 기업을 선택했다면 큰 차질을 가져오지 않을 것이다.

그러나 일단 취직을 한 이상 그와 같은 불만이나 불평을 해도 소용없다. 당신 한 사람을 위해서 회사의 방침을 바꾸지는 않을 것이므로 당신이 자기 목표를 회사의 방침에 중첩시켜야 한다. 불평하고 심통을 부려도 아무도 상대해주지 않는다. 특히 신입사원에게는 난간도 없는 셈이므로 눈 밖에 나면 그것으로 끝이다. 그렇게 되지 않기 위해서는 불평을 하기 전에 먼저 자신의 목표를 회사의 방침에 맞추도록 노력해야 한다.

이런 자세를 취하는 한 상사나 선배는 결코 외면하거나 모른척하지 않는다. 신입사원은 상사나 선배로부터 충고를 듣고 야단을 맞으면서 성장해 가는 것이다. '간섭하지 말아 주세요.' 라고 불평을 하는 것은 스스로 자신의 성장에 제동을 거는 것과 같은 짓이며 고립을 향해 가는 것이다.

기업 인생의 요체는 어떻게 신속하게 성장하는가에 있다. 성장하면 일에 자신이 생긴다. 일에 자신이 생기면 실적이 오르고 실적이 오르면 보수도 지위도 함께 오른다. 이때에 가장 요구되는 것이 회사의 방침에 자기목표를 합치시키고 있는가 하는 자세이다. 또한, 신입사원은 하루라도 속히 이런 자세를 취해야 한다. 나 자신이 좋아서 그리고 필요해서 입사한 회사이기 때문이다. 자기가 선택한 회사라면 다소의 위화감은 어려움 없이 극복할 수 있어야 한다.

경영계획은 경영의 핵심 역할

기업은 방침이 필요하다. 대부분 기업에는 경영계획이라는 것이 있다. 그 계획은 1년 정도를 목표로 한 단기 경영계획이 있고 2년에서 5년 정도를 목표로 한 중기 경영계획, 10년 정도를 목표로 한 장기 경영계획이 있다. 이처럼 단기, 중기, 장기에 걸쳐 자신을 속박할 필요가 있다. 그 이유는 눈앞의 정보나 트렌드에 좌우되지 않기 위해서이다. 다시 말하면 경영의 기둥이 흔들리는 것을 방지하기 위해서이다. 따라서 완성된 방침이나 계획을 결정할 때는 경영자나 경영진은 진지한 자세가 필요한 것이다. 일단 완성되어 문장으로 구성되면 그것은 혼자 독립된 존재로 기능한다. 그러므로 그 순간부터 경영자(진)일지라도 그것에 속박되며 마음대로 취소하지 못하는 것이다. 오직 실행만이 있을 뿐이다. 어떤 방침이나 계획일지라도 그것이 인간에 의해서 만들어진 이상 때로는 지나친 면이 있던가, 정곡을 찌르지 못한 면도 있게 마련이다. 약간의 부족한 면이 있는 계획이라고 반성할 일도 있었을 것이다. 그러나 일단 실행한다고 결정하고 공표한 이상 그것은 반드시 관철해야 한다. 그러나 경영계획이 경영과 관련된 것이기 때문에 중요한 것은 그 결정이 정확히 했는가? 아니냐는 평가가 아니라 그것을 관철할 수 있는지 없는지 하는 의지와 실행력이라고 생각하며 아무리 훌륭한 결정이라도 관철하지 못한다면 그것은 그림의 떡에 불과한 것이다.

회사의 방침에 자신의 목표를 합치시킨다

일단 취직을 한 이상 그와 같은 불만이나 불평을 하고 있어도 소용없다. 불평을 하기 전에 먼저 자신의 목표를 회사의 방침에 맞추도록 노력해야 한다. 직장생활의 요체는 어떻게 신속하게 성장하는가에 있다. 성장하면 일에 자신이 생긴다. 일에 자신이 생기면 실적이 오르고 실적이 오르면 보수도 지위도 함께 오른다. 그러기 위해서는 상사와 선배의 지도를 받아야 한다. 이때에 가장 요구되는 것이 회사의 방침에 자기 목표를 합치시키고 있는가 하는 자세이다. 신입사원은 하루라도 속히 이런 자세를 취해야 한다. 나 자신이 좋아서 그리고 필요해서 입사한 회사이기 때문이다.

39

회사에 대한 이해

회사는 어떤 목적으로 무엇을 하는 곳인지, 회사를 어떻게 보고, 어떻게 이해하는지는 보는 관점과 입장에 따라 달라진다. 회사에 필요한 자금을 공급하는 사람, 회사를 운영하는 사람, 상품을 사용하는 소비자, 회사 주위의 지역주민, 회사에서 일하는 사람 등 그 견해와 사고방식은 각각 다르기 때문이다. 입장에 따라 각각 다른 이들을 연결하는 접점이 무엇인가 살펴보자.

경영자 측의 논리

사업으로 회사를 성장시키고 자금을 제공하고 회사를 경영하고 있는 측의 사고방식으로 사회가 요구하는 상품이나 서비스를 제공하여 경제적 보수를 받는 것을 목적으로 회사를 운영한다.

이 경우 적어도 같은 상품과 서비스 창출에 필요한 경비보다 많은 경제적 보수 즉 이윤이 없으면 의미가 없다. 적자로는 사업이 성립되지 않으며 또한 수지가 겨우 맞는 정도로는 곤란하다. 즉 회사는 이윤을 추구한다. 즉 회사를 유지하고 발전시키기 위해서는 이윤을 올리는 것만이 필요하며 자본을 공급한 사람(주주)에게 이익을 분배하기 위해서만 이익을 추구하는 것은 아니다.

회사의 영향을 받는 측의 논란

소비자, 회사주변의 주민, 회사에서 일하는 사원 등 좋든 나쁘든 회사에서 어떤 형태로든 영향을 받고 있는 측의 사고방식 및 수용태세이다. 소비자는 자기가 원하는 상품이나 서비스를 타당한 가격으로 제공해 줄 것을 회사에 요구한다. 가격이 타당한지 아닌지는 원하는 사람의 욕구 정도와 유사한 상품이나 서비스와 비교에 의해 정해진다. 그리고 회사에 대해 개인, 각종 단체와 같이 회사구성원의 하나로서 준수해야 할 사회적 규칙을 따라야 한다. 소음, 폐수, 먼지 등 이른바 공해를 일으켜 지역주민에게 손해를 끼치는 것은 물론 경제적 우위를 이용하여 자사에만 유리하게 만드는 등 독선적인 행위는 곤란하다. 또는 회사에서 일하는 사원은 노동의 대가로 타당한 보수, 자기 성장에 도움이 되는 충실한 직무내용 그리고 안락한 직장환경 등을 회사에 기대한다.

회사와 소비자의 공통점

개개인의 회사는 국민 경제발전을 위해 중요한 역할을 담당해 왔으나 회사가 그 존재를 인정받을지의 여부는 국민의 편, 즉 영향을 받는 측의 요령에 부응할 수 있는가 아닌가에 달려 있다. 이런 관점에서 회사를 생각해 보면 다음과 같은 것을 목표로 삼고 노력해야만 유지, 성장할 수 있을 것이다.

(1) 좋은 상품이나 서비스를 창출

회사는 국민의 생활 수준 및 복지 향상에 도움이 되는 상품이나 서비스를 제공해야 한다는 책임을 지고 있다. 그러므로 더욱 좋은 상품을 더욱 싸게 만들기 위해서는 효율화와 기술혁신이 필요하다.

이런 노력을 기울이지 않는 회사는 결국 시장경제원리에 따라 이윤을 올리지 못하여 도산하고 말 것이다.

(2) 사회적인 영향에 책임지고 대처할 것

회사도 사회의 구성원인 만큼 사회적인 규칙을 따르는 행동이 필요하다. 지역 사회에 손해를 끼치거나 생활필수품을 매점 하는 등의 반사회적인 일을 해서는 안 된다. 그리고 자진해서 사회적인 사업에 협력하고 지역사회에 참가하는 등 회사능력에 맞추어 공헌하는 것도 중요하다. 회사가 성장하면 성장할수록 사회적으로 커다란 영향을 미치게 된다. 따라서 한층 더 이러한 점에 배려해야 한다.

(3) 일하는 보람을 느낄 수 있는 직장을 만들 것

사람은 생활유지로서의 경제적인 보수와 함께 자신의 성장과 정신적 충족을 직장에 바라고 있다. 이러한 것이 충족되지 않으면 불만과 불안이 생기게 된다.

이처럼 회사를 어떻게 이해할 것인가를 여러 각도에서 살펴보았지만 중요한 것은 회사가 성장, 유지하기 위한 조건을 충족시킨다는 것은 모든 사원이 업무나 직장생활을 통해서 성취된다는 것을 인식하는 것이다.

40

회사의 조직과 운영

회사를 효율적으로 운영하기 위한 관리시스템이 있는데 먼저 목표를 달성하기 위해 계획을 세우고 조직구성원에게 업무를 분담시키고 실행하는 방법을 알려주고 감독을 한다.

계획에서 실행

조직에서 어떤 목적을 수행할 때의 절차는 계획을 세운다(계획)→실행에 옮긴다(실행)→계획대로 되었는지 조사한다(점검) 등의 순이다. 회사에서는 이것을 다음과 같이 되풀이하기 때문에 관리 사이클이라고 부른다. 이 사이클을 좀 더 세분하면

(1) 계획한다.

(2) 조직화한다.

(3) 조정한다.

(4) 동기부여를 한다.

(5) 통제하다.

이것을 잘 관리하는 사람들은 경영자, 관리자 등의 상사들이다.

업무분담

회사에는 많은 업무가 있으며 이들 업무를 효율적으로 수행하기 위해서는 될 수 있는 대로 비슷한 기능을 가진 부분으로 업무를 분담시킨다. 부서별로 업무를 분담시키는 횡적 분업 조직이 있고, 사장, 임원, 부장, 과장, 계장, 조장, 반장, 일반사원 등이 있는데 이것을 계층별 조직이라고 하는데 누가 누구의 지시로 업무를 수행하는지 등의 명령계통과 누가 어떤 권한과 책임을 지는가를 명확하게 밝힐 필요가 있다.

* 업무수행방법과 추진하는 법

업무는 분담에서 정해져 있으나 각각의 업무를 어떤 절차에 따라 어떻게 수행할 것인가를 먼저 결정한다. 이것을 제도라고 한다.

회사제도는 부문마다 세밀하게 정해져 있으나 주된 것은 다음과 같다.

· 경영이념·방침 등을 정해 놓은 것
· 조직의 권한과 책임을 정해 놓은 것
· 인사·노무관리의 규정과 제도를 정해 놓은 것
· 경리·재무관리 등의 절차를 정해 놓은 것
· 생산·기술관리에 관해 결정해 놓은 것
· 작업기준을 정한 것

이상과 같은 업무를 수행하는 담당상사, 선배가 가르쳐 줄 것이다.

업무의 운용

업무분담이나 업무수행방법 등을 미리 정해 두어도 실제로는 더 복잡한 여러 가지 상황이 생기기 마련이다. 이를 잘 처리하는 것이 업무의 운용이다. 운용은 결국 실제로 업무수행을 담당하는 사람에게 맡겨지며 상사의 지시에 따라 습관을 존중해서 양식 있는 판단으로 처리해야 한다.

41

조직 속에서의 자기계발

회사생활을 하려면 자기가 업무를 수행하는 데 필요한 직무지식이 있어야 한다. 그기 위해서는 항상 직무에 필요한 지식을 상사나 선배들에게 터득하는 경우가 있지만, 전문교육기관을 이용하여 교육훈련을 받는다든지 스스로 일정한 시간과 비용을 투자하여 향후 직무지식을 습득해야 한다.

조직 속에 자기 활용

인간은 사회적 동물이라고 한다. 사회와 떨어져서는 살 수 없는 존재이다. 사람이 고독에 어느 정도 견딜 수 있는가 하는 실험에서 밀실에 갇혀 모든 외적 자극과 단절한 채로 일주일 생활한 사람은 완전한 밀실에서 해방되었을 때는 거의 정신착란상태에 있었다고 한다. 이처럼 완전 고독을 견딜 수 없는 것은 사람뿐만 아니라 많은 동물의 기본적인 습성이기도 하다. 그러나 사람과 동물과의 현저한 차이는 사회적 욕구와 함께 독립을 원하는 욕구도 가지고 있다는 점이다.

회사는 사원의 사회성·독자성에 의존한다

오늘날 사람이 풍요로운 경제생활과 문화생활을 영위할 수 있는 것은 사람이 조직을 만들고 조직 안에서 각자가 독자성, 즉 창조적인 지혜를 활용해 왔기 때문이다. 회사가 국민의 경제생활을 지탱하는 중요한 역할을 해왔음을 이미 배웠다. 업무는 아직 초보적인 일이기는 하지만 그 업무도 좋은 상품, 좋은 서비스를 창출하기 위해 빼놓을 수 없는 업무인 것이다. 어떤 업무든 그 사람의 마음먹기에 따라 달라질 수 있으며 실수를 하지 않고, 또 최선을 다하여 업무를 수행함으로써 그 상품이나 서비스를 받은 사람이 기뻐한다면 사회적으로 뜻있는 독자성의 표현이라고 할 수 있다. 그뿐만이 아니라 회사의 상품이나 서비스는 끊임없이 개선·혁신해야 한다. 즉 사원의 독자성에서 솟구쳐 나오는 지혜와 기능의 향상에 달려있다. 현재의 업무수행 방법에 안주하지 않고 보다 향상해가기 위해 자기의 업무범위에서 개선을 시도해야 한다.

자기 활용을 위한 업무 포인트

(1) 책임 있는 행동

자기 업무에 책임을 져야 한다. 회사에서는 분업이 이루어지고 있으며 각자가 분담하고 있는 업무를 책임지고 수행해야만 비로소 좋은 상품, 좋은 서비스를 만들어 낼 수 있다.

전화 한 통화를 허술하게 답변하면 상대방의 기분을 상하게 하여 소중한 고객을 잃고 더 나아가서 회사 전체의 신용을 떨어뜨리는 경우도 흔히 있다. 자기의 말과 행동에 책임질 수 있는 회사원이 되었을 때 비로소 어엿한 직장인이라고 할 수 있다.

(2) 자립심을 기른다

학생 시절에는 남에게 기대는 경향이 있거나 부모님의 보호 아래 수동적인 학습여건에 고민거리 등을 선생님이나 친구에게 쉽게 의논할 수 있었다.

그러나 사회인으로서 회사의 일원이 된 만큼 업무, 또는 직장생활에 관해서 자기와 관련된 문제와 고민은 스스로 해결해나가려는 태도가 필요하다.

(3) 다른 사람과의 조화

직장생활을 하는 데 있어서 직장 사람들과 협조해서 훌륭한 팀워크를 이루는 것은 매우 중요하다. 직장에는 나이 차이가 있는 사람, 직위가 있는 사람, 다른 업무를 수행하는 사람 등 여러 사람으로 구성되어 있다. 이들과 서로 협력하여 전체적으로 좋은 성과를 거두어야 한다.

자기 일만 하면 된다고 생각하는 것은 곤란하다. 자진해서 다른 사람의 업무에도 협력하고 아늑한 직장을 만들기 위해 사람들에게 세심한 배려를 하는 것이 중요하다.

사람들이 종종 얘기한다. "대체로 대인관계는 어떻게 하는 거야?" "나도 많은 사람과 잘 지내고 싶은데 쉽지가 않네. 뭐 좋은 방법이 없을까?" 자신의 문제가 무엇인지 잘 모르겠다고 호소하는 사람도 있다. 사람들이 어우러져 만들어 가는 세상, 좋은 인간관계를 맺으며 살고 싶은 마음은 모두의 바람이기도 하다. 하지만 잘되지 않는 일을 억지로 하는 것만큼 어려운 일도 없다. 꼼꼼하지 못한 사람이 일률적인 방법으로 메모하고 체크를 하면서 사람들에게 연락하기는 어려울 것이고 사교적이지 못한 사람에게 모임에서 앞장서라고 말한다면 그 부담감 때문에 모임 자체가 싫어질 수도 있다.

이렇게 사람마다 성격과 스타일이 다르기 때문에 인간관계를 키워나가는 데도 사람마다 다르다는 것을 인정해야 한다. 결국, 자신의 유형을 찾고 그에 맞는 인간관계 방법을 찾아 실천해 나갈 때 우리는 이상적인 인간관계로 타인과 유쾌한 관계를 맺어 가는 기쁨을 맛볼 수 있을 것이다.

제6장

직장에서 성공하려면
초심으로 돌아가라

처음 직장에 입사할 때의 기분으로 일하면 성공한다.

42
사회생활의 출발점

학교생활을 마친 후 사회인으로서 첫걸음을 내딛고 직장생활을 시작할 때 학교 선생님, 부모님, 선배 등 주위에 계신 분들의 격려 말씀과 함께 직장생활을 하는 데 중요하다고 생각되는 것을 검토하여 보면 다음과 같다.

의식전환을 해야 한다

학교생활과 직장생활은 여러 가지 면에서 차이가 난다. 그 차이를 살펴보면 나이 차이가 거의 없는 같은 또래 학생들과 선생님들과 함께 비교적 자유롭게 행동하던 학교생활에서 사장, 부장, 과장, 일반사원이라고 하는 계급이 나누어져 있고 복잡한 인간관계를 갖는 직장사회로 바뀐 것이다. 게다가 직장에서 출근, 퇴근, 휴가 기타 엄격하고 세밀한 제약이 많다.

지금까지의 학교생활은 등록금을 내고 주로 편익을 받는 입장이었지만 직장생활은 돈을 받고 남에게 편익을 제공하는 입장으로 바뀐 것이다. 수업을 받고 안 받고는 학생 자신에게 달려 있다. 그러나 돈을 받는 입장이 되고 보면 그 대가로 생기는 의무는 절대적인 것이 된다.

그렇다고 해서 의무를 소홀히 할 수도 없다. 의무를 완수하지 않으면 그 책임을 추궁받게 되고, 경우에 따라서는 사회적인 제재를 받는 수도 있다. 다른 사람에게 도움을 주고, 또 다른 사람으로부터 편익을 제공받는 직장생활이야말로 어엿한 사회인의 생활이라고 할 수 있다.

주위의 기대에 부응한다

회사는 여러분에게 많은 기대를 걸고 있다. 목적 실현을 위해 기간별로 목표를 정해놓고 있다. 목표를 달성한다는 것은 쉬운 일이 아니다. 어려운 경제여건하에서 동업종인 회사와 경쟁하면서 목표를 달성해야 한다.

회사가 직원을 채용한 것도 회사의 목적을 달성하는 데 최선을 다할 수 있을 것이라고 믿었기 때문이다. '나 하나쯤이야 놀아도 괜찮다.'든가, '시킨 일만 하면 된다.'든가, '월급 받는 만큼만 일하겠다.'는 마음가짐으로는 곤란하다.

또한, 직장도 중요한 생활의 장이니만큼 서로 존경하고 신뢰할 수 있는 분위기조성에 노력해야 할 것이다. 업무만 잘 수행하면 된다는 식이 아니고 직장에서의 예의를 잘 지켜 활기차고 즐거운 직장생활이 되도록 노력해야 하겠다.

직업이 주는 의미를 파악한다

직업이 자기에게 어떤 의미가 있는가는 자신의 문제이기 때문에 아무도 가르쳐줄 수 없다. 장차 업무체험을 통해 마음속에서 확립될 것이다. '여러분은 무엇을 위해 일합니까?'라고 물으면 사람 대부분은 '먹고살기 위해, 월급을 받기 위해'라고 대답할 것이다. 일하는 목적의 하나는 바로 이러한 경제적 이유일 것이다. '만약 경제적 여유가 있어도 일하겠습니까, 아니면 일하지 않겠습니까?'라는 질문에 대부분은 '경제적 여유가 있어도 일하고 싶다.'라고 대답하는 이유와 직업에 대한 여러 측면이 있다는 것을 알 필요가 있다.

(1) 경제가치
생활을 위한 경제적 보수를 얻을 수 있다.
(2) 사회가치
직업을 가짐으로써 직장 사람들은 물론이고 사회의 다른 사람들과 교제할 기회가 생긴다.
(3) 정신가치
직업을 통해서 각자의 능력을 향상하고 발휘하여 정신적인 충족감을 느낀다. 그래서 경제가치 이외의 측면에서 많은 사람의 직업의 의의를 느끼고 있음을 알아두기 바란다.

자립하는 사람이 되자
학교를 졸업하고 취직을 하면 사람들은 학생들을 한 사람의 어른으로 보게 된다고 하였다. 그러면 학생은 '왜 자립한 한 사람으로 인정하지 않았는가?' 그 첫 번째 이유는 부모의 신세를 지는 생활, 즉 부모가 책임을 지고 양육하고 있기 때문이다.

이렇게 말하면 '아르바이트로 학비와 용돈을 벌었는데, 부모에게 의지했더니 말도 안 된다.' 하고 반박하는 사람이 있을지도 모른다. 따라서 학생=부모가 부양한다는 식이 성립된다.

사회인이 되면 당연히 매월 정해진 돈(월급)을 받는다. 신입사원이므로 그다지 많은 금액은 아니지만 계획을 잘 세워서 자립해야 한다. 사회인이 되면 자립은 당연하기 때문에 돈이 부족하다고 해서 부모에게 의지해서는 안 된다. 계획성 있게 사용해야 한다. 자립이라고 하는 것은 경제적인 측면만 말하는 것이 아니다. 시간 관리나 몸가짐, 건강관리 등에 있어 자립해야 한다.

43
인간관계의 정의

인간관계란 사람과 사람의 관계를 말하는데 인간이라는 단어 자체가 인간관계를 포함하고 있다. 따라서 사람은 살아 있는 한 날마다 인간관계 속에서 생활하는 것이다. 바꾸어 말하면 사람은 인간관계가 없이는 생활을 영위할 수가 없는 것이다. 그래서 인간관계라는 단어를 누구든지 자주 사용하는 것이다.

인간관계는 미국의 산업계에서 발생하였다고 한다. 원래 미국에서는 휴먼 릴레이션(Human Relation)이라고 하는데, 왜 미국에서는 이와 같은 단어가 생겼는지는 인간관계의 원점이 되는 호오손 실험을 참고로 하기 바란다.

인간관계를 중요시하는 이유

직장에 근무하면서 만족감을 느낄 수 있는 경우는 직장이 다음과 같은
상태일 때이다.

·의욕적으로 출근할 수 있다.

·직장 분위기가 밝고 활기가 있다.

·의욕이 생긴다.

·고독감이 없어지고 연대감이 생긴다.

·주위 사람과 협조가 잘된다.

·조직 내의 의사소통이 잘 이루어진다.

·팀워크가 잘 이루어진다.

·윗사람과 친근감이 있어 모르는 것을 질문하거나 상담하기가 쉽다.

·윗사람이 부모처럼 지도해 준다.

·업무가 원활하게 진행된다.

이와 같은 것은 단적으로 말해서 인간관계의 문제이다.

그러나 회사에서는 자기에게 주어진 업무만 수행하면 되므로 인간관계
같은 것은 중요시할 필요가 없다고 생각할지도 모른다. 그렇지만 업무
를 수행하려고 해도 너무 어려워서 자기 혼자의 능력만으로는 수행할
수 없는 일이 생긴다든지, 실수했을 때 어떻게 대처해야 좋을지 몰라서

곤란한 경우가 있다. 이런 경우 여러 사람이 도와주지 않아 업무를 수행하기가 어려운데 인간관계가 좋으면 흔쾌히 도와주어 무사히 업무를 마칠 수 있게 되므로 여러 사람에게 큰 도움을 요청할 수 있다. 그러므로 업무가 생각대로 진행되거나 그렇지 않은 것은 결국 평상시의 인간관계에 달려 있다.

직장에 있어서 인간관계의 어려움

이제 직장에서의 인간관계는 일하는 데 있어서 매우 중요시해야 한다는 것을 알았는데, '인간관계라는 단어에서 느끼는 이미지는 어떤 것인가? 포근한 사귐, 즐거운 분위기 같은 것인가?' 아니면 '귀찮고 번거롭다는 느낌이 드는가?' 대부분의 사람은 '학생일 때는 전자였으나 사회인이 되고 난 후에는 후자의 이미지로 떠오릅니다.'라고 대답하리라 생각된다. 왜 이처럼 좋지 않게 상상하는 것일까?

학생 시절에는 같은 나이의 뜻이 맞는 사람하고만 친하게 사귀면 되었었다. 서로 마음이 맞지 않고 성격이 다른 사람과는 사귀기 싫다고 생각하면 그렇게 할 수 있었다. 그러므로 인간관계라고 하면 서로 마음이 맞는 친구라는 이미지가 떠오르는 것이다.

그런데 사회인이 되면 어떨까? 연령층이 다양해서 부모보다 나이가 많은 사람부터 형제자매와 같이 비슷한 나이의 사람들에 이르기까지 함께 일해야 한다. 이러한 사람들과 인생경험이 다르므로 당연히 사물을 보는 방법이나 사고방식에 상당한 차이가 있다. 그리고 접촉하는 사람의 대부분이 윗사람이므로 언어의 사용이나 태도에 각별한 신경을 써야 한다. 그렇다고 해서 '사고방식에 차이가 있으므로 사귀고 싶지 않다. 정신적으로 피곤해지니까 가까이하고 싶지 않다.'라고 할 수도 없다. 일을 가르쳐 주는 선배로부터 또한 함께 일하는 동료로서 모든 직원과 원만하게 지내야 하는 곳이 바로 직장이다.

그래서 귀찮다, 번거롭다는 이미지가 떠오르는 것이다. 직장에서 함께 일하는 사람들은 나이, 성별, 출신지, 취미, 성격, 가치관, 인생관, 가정환경 등이 각기 다르다. 직장은 모든 사람이 이와 같은 속성을 도외시하고 소속 부서를 정한다. 아무리 싫다고 해도 이런 것이 조직이라는 것을 알아야 하며, 또한 조직 속에서 일하는 것이 숙명이므로 소속 부서의 사람들과 원만하게 지내는 수밖에는 별도리가 없다.

(1) 회사를 싫어해서는 안 된다

회사 측에서는 학교성적이나 입사시험의 성적만이 아니라 면접 시의 태도에 회사는 호감을 가졌으므로 채용한 것이다. 그런데 입사 신고식이 끝나면 손바닥을 뒤집듯이 다른 태도를 취하는 것은 좋지 않은 행동이다. 주위 사람과 원만하게 지내기 위해서는 기분 좋게 대화하는 것이 기본예의이며 조직구성원으로서 살아가기 위해서는 말하는 것을 귀찮아하거나 말을 잘 못하니까 말하기 싫다는 태도는 통용되지 않는다는 사실을 알아두어야 한다. 이런 태도는 하루빨리 고쳐야 할 것이다.

(2) 말하는 방법과 듣는 방법

사회인이 되려면 학창시절의 태도를 바꿔야 한다. 왜냐하면, 학생 입장에서 사회인의 입장으로 전환하는 것이 매우 중요하다. 그런데 많은 신입사원이 학생 때의 감각을 그대로 가진 경우가 있는 것 같다. 이런 사람들은 선배가 말하고 있을 때 흥미 없는 이야기는 듣지 않거나 이야기를 가로막고 자기가 하고 싶은 이야기만 한다. 악의는 없겠지만, 직장이라는 공적인 관계에서는 허용되지 않는다. 상대방을 보고 말을 하도록 하는 것이 회사이며 거기에 따르는 것이 사회인의 임무이다.

그러면 일상생활에서 직장인이 알아두어야 할 말하는 법과 듣는 법에 대해서 알아보자.

(3) 능숙하게 말하는 방법

밝은 목소리로 시원시원하게 말한다.

이런 어조로 말하면 주위 사람은 참으로 호감이 가는 십입사원이구나, 젊은이다워서 좋다. 라고 호감을 갖는다.

단어에 신경을 써서 말한다

그 시대에 맞는 누구에게나 쉽게 이해되는 단어를 사용하는 것이 좋으며 은어나 비어는 사용해서는 안 된다.

어린아이와 같은 말투를 버린다

그래서요, 제가요, 특히 여성에게 많은 것 같다. 이런 식으로 이야기하면 주위 사람들은 나는 자네의 개인적인 친구가 아니다. 상대방을 보고 말을 하도록 하고 주의를 받을 것이다.

친구에게 하는 듯한 말투는 버리고 정중하게 말한다

주위 사람들은 신입사원보다 윗사람이다. 그러므로 같이 입사한 사람이나 학교친구에게 이야기하듯이 말하는 것은 삼가야 한다. '입니다, 합니다.'와 같이 말하는 것은 윗사람을 존중하고 있다는 증거가 된다.

자기중심적이어서는 안 된다.

업무상의 이야기만이 아니라 점심시간이나 근무시간 후에 회식할 때도 자기 이야기만 하는 사람이 있다. 이런 사람들은 보통 남의 이야기는 들으려고 하지 않는다. 이런 사람은 자기 생각만 하는 사람이라고 하여 모두 싫어한다.

아는 척하는 것은 금물이다

신입사원은 사회에 대해서 모르는 것이 많은데도 불구하고 상대방이 뭐라고 말하면 '알고 있습니다, 이러이러한 것이겠지요.'하고 반문하는 사람이 있다. 아는 척해서 틀렸을 때에는 자신이 창피할 뿐만 아니라, '알고 있다면 아무 말도 해 줄 필요가 없겠군.' 하고 상대방이 화를 낼지도 모른다. 자기가 알고 있다고 생각할지라도 상대방의 이야기를 우선 들어보고 나서 자기 생각과 같을 때 '제가 바르게 알고 있었네.'라며 기뻐하고 틀릴 때에는 바르게 알게 되어 감사하게 생각하는 자세가 필요하다.

비꼬는 것은 삼간다

주위에 보면 빈정대는 사람이 있다. 특히 호감이 가지 않는 사람에게 더욱 그렇게 말하기 쉽다. 비꼬아서 말하면 대체로 상대방도 비꼬아서 말하게 된다.

오해하지 않게 말한다

인간관계가 나빠지는 하나의 원인으로서 상대방이 오해하게 되는 것을 들 수 있다. 오해하는 사람보다 오해하도록 말한 사람의 책임이 더 크다. 자기는 그런 의도가 아니었는데 상대방이 그렇게 자기 마음대로 생각하니까 자기에게는 책임이 없다고 생각하는 사람이 있는데 그것은 당치 않다. 오해가 원인이 되어 서로의 관계가 부자연스럽게 되는 경우가 많이 있다. 오해하지 않게 하기 위해서는 상대방에게 자신이 한 말을 다시 말하게 한다든지 보충 설명을 해야 한다.

(4) 상대방의 이야기를 잘 듣는 태도를 가져라

자기의 생각을 분명히 밝히고 확실하게 표현한다

자기 자신은 하고 싶은 생각도 있고, 설명도 잘 알아들었다고 하더라도 소극적으로 대답하면 동료직원은 하고 싶은 마음이 없는데 어쩔 수 없이 대답한 것이라고 오해를 해서 두 사람의 사이가 서먹서먹해질 것이다.

상대방의 말에 긍정적인 동조를 한다

남의 이야기를 조용히 듣는다는 것은 듣는 태도로서 지켜야 할 사항이지만 조용하게 듣는다는 것이 그저 침묵만 하고 있다는 것은 아니다. 상대방에게 동의를 나타내는 긍정적인 표현으로 적절하게 감정을 표시할 필요성이 있다. 그렇지 않으면 상대방은 자기 이야기를 진지하게 듣지 않는다고 생각하여 기분이 나빠진다.

건성으로 듣지 말아야 한다

호감이 가지 않는 상대방이 말을 걸어오거나 흥미 없는 이야기를 할 때, 주의를 자주 두리번거리거나 다른 곳을 쳐다보거나 하품을 하거나 하는 사람이 있다. 이와 같은 행동을 하면 상대방은 '남의 이야기를 듣고 싶지 않으면 저쪽으로 가버려라.'라고 마음속으로 생각하며 화를 낼 것이다.

끝까지 듣도록 하라

상대방이 이야기하고 있을 때 말을 가로막고 자기의 생각을 말하거나 질문해서는 안 된다. 적절하게 표현하는 것은 필요하지만 이런 행동을 하면 상대방은 감정이 상하여 남의 이야기가 끝나면 해주게 하고 이야기하게 된다.

업신여기는 태도를 취하지는 않는다

주위에는 학력이 낮은 사람이나 근무기간보다 지위가 낮은 사람이 있을 것이다. 이런 사람이 이야기를 걸어올 때 무뚝뚝한 표정을 하거나 다리를 꼬거나 팔짱을 끼고서 들어준다는 식으로 마치 상대방을 업신여기는 듯한 태도를 취하는 사람이 있다. 어떤 경우이든 상대방에게 실례되는 행동을 하지 않도록 조심해야 한다. 누구든지 직장 사람들에게 좋은 인상을 주어 호감을 받고 싶어 하고 거북스런 관계가 되지 않기를 바란다.

(5) 인간은 감정적인 동물이며 비교하지 마라

직장에서 상사나 선배들은 업무능력이 떨어져도 비교하면 안 된다. 능력이 부족하면 격려, 사기를 앙양시키기는 교육이 필요하다. 동료와 능력을 비교하면 서로 갈등요인이 생긴다. 직장에서는 화가 나는 일이 있어도 참아야 하고 반성하여 새로운 기분으로 업무에 임하는 자세가 필요하다. 인간은 감정의 동물이라고 한다. 그러므로 웃고 울고 기뻐하고 슬퍼하고 화내고 좋은 감정과 표현해서는 안 되는 감정 정도는 신입사원이라도 알아야 한다.

상대방도 자기도 인간이기 때문에 감정 대 감정이 충돌하여 두 사람 다 기분이 상한 경우가 있다. 그러나 신입사원은 윗사람에게 가르침을 받는 입장에 있다. 바쁜 선배는 자기 일만으로도 분주하다. 게다가 도와

줘야 하는 신입사원이 있으므로 신입사원의 엄부 이상으로 선배는 힘들다. 이와 같은 사정을 잘 이해한 다음 선배와 접촉이 필요한 것이다.

(6) 인간관계를 원활하게 하는 조건

직장생활이 '싫어졌다.'라고 불평하는 신입사원이 있다. 그 이유를 물어보면 '능력 이상의 일을 시키니까,' 라고 말하는 사람은 거의 없다. 대부분 사람들은 '복잡한 인간관계에 견딜 수 없어 정신적으로 피곤해서…' 라고 말한다. 이것을 보면 직장에서의 인간관계가 얼마나 중요한지 알수 있을 것이다. 인연이 있어서 또는 힘들여서 들어간 회사이므로 모두가 즐겁고 보람 있게 일하기 위해서 유의해야 할 사항은 다음과 같다.

① 아침, 저녁, 외출, 귀사 시 인사를 밝고 분명하게 한다.

② 업무를 가르쳐 주었을 때, 잘못을 감싸주었을 때, 도움을 받았을 때, 업무가 끝난 후 음식 대접을 받았을 때는 고맙다는 인사말을 잊지 않는다.

③ 호감이 가는 사람이라고 해서 밝은 태도로 대하고 그렇지 않은 사람이라고 해서 무뚝뚝한 태도로 대하는 것은 바람직하지 못하다. 사적인 감정을 근무 중에 나타내지 않도록 한다.

④ 주위 사람들과 친해지고 싶지 않다는 이유로 업무상 필요한 최저한

도의 말만 하고 점심시간이나 업무시간이 끝난 후에는 항상 혼자서 고립된 태도를 취해서는 안 된다.

⑤ 직장에서 한 약속은 반드시 지킨다.

⑥ 일이 없거나 바쁘지 않을 때는 주위 사람에게 '도와 드릴까요.'하고 협력한다.

⑦ 소문이나 험담에는 아무 근거 없는 경우가 많으므로 함부로 말을 퍼뜨리지 않는다.

⑧ 불쾌한 일이 있어도 주위 사람에게 화풀이하지 않는다.

⑨ 상대방이 자신의 단점을 말하더라도 유머 있게 말할 수 있는 여유가 필요하다.

⑩ 이성에게 너무 접근하거나 서먹서먹하게 느끼게 하지 말고 자연스럽게 대한다.

⑪ 금전적인 거래는 가능한 한 하지 않는다. 돈이 원인이 되어 서로 어색해지는 일이 발생한다.

⑫ 신입사원이니까 주위 사람들이 감싸주는 것은 당연하다고 생각해서는 안 된다. 주위 사람에게 짐이 되지 않도록 한다.

직장 내에서 지켜야 할 규칙

사회의 일원으로서 기분 좋게 사회생활을 영위하고 또 협력하여 무엇인가를 이루기 위해서는 공통의 규칙을 확인하고 그것을 지켜나가야 한다. 직장에서의 규칙은 두 가지 측면이 있다. 한 가지는 업무 수행상 규칙이며, 또 한 가지는 직장 사람들이 좋은 분위기에서 기분 좋게 직장생활을 하기 위해 서로 조심하자는 규칙이다. 이는 모두 중요하다. 업무 수행상 중요 교칙은 회사규칙으로 성문화되어 있으니 쾌적한 직장생활을 위한 규칙은 암암리에 양해사항으로서 성문화되어 있지 않은 것이 많다. 즉 다음과 같다.

업무상 규칙

- 중요한 것은 사칙·사규에 규정되어 있다.
- 직장에서 중요사항은 문서로 연락된다.
- 업무수행 절차 안에 포함되어 있다.
- 업무 수행상 습관으로 서로 지키고 있다.

생활상 규칙

- 중요한 것은 사규, 사칙 또는 문서로 전달된다.
- 직장에서의 규칙은 문서로 만들어 게시하는 것도 있다.
- 습관으로 서로 지킨다.

사규, 사칙에 관한 것은 이미 회사의 조직과 운용에서 설명했다. 그것을 꼭 지켜야 한다는 것도 잘 알고 있을 것이다. 특히 직장의 관습으로서 사람들이 서로 지키고 있는 규칙 또는 예절의 중요함을 강조해 두고자 한다.

(1) 습관으로서의 규칙

예절을 잘 지키는 것은 매번 어떻게 행동할 것인가 생각해야 하는 부담을 줄일 수 있다는 합리적 의의가 있다. 일정한 예절을 그대로 실행하면 남에게 불쾌감도 주지 않고 자기도 불안해하지 않아도 된다는 편리함이 예절의 장점이다. 직장의 규칙에서 업무수행과 쾌적한 직장을 위한 것인데 모두 다른 사람을 인정하고 서로 존경해서 자신도 약동감 있게 훌륭한 업무수행을 하려는 의도에 바탕을 둔 것이다. 그것은 실제 행동으로 나타나야 한다. 마음속의 아름다움이 모양으로 나타나야만 훌륭한 업무수행이 가능하다. 이것은 머리로 배워 할 수 있는 일이 아니다. 평소에 되풀이하는 동안 저절로 몸에 배어서 할 수 있게 되는 것이다. 직장의 상사와 선배가 되풀이해서 똑같은 것을 여러분에게 강조했다면 그것은 직장에서 중요한 규칙이다. 반드시 빨리 익히도록 하기 바란다.

(2) 직장규칙과 사회규칙의 차이

직장에서의 규칙도 일반사회에 통용되는 규칙과 다를 것은 없으나 굳이 말하자면 회사목적에서 다음과 같은 면이 강조되고 있다.

① 효율성

직장은 능률적인 생산성을 따지는 조직사회로 아무리 일이 어렵다든지 일에 꼼꼼하다고 해도 온종일 꿈지럭거려 결과가 없다면 직장인의 부적격한 자로 각인되며 회사는 할 수 없는 일을 당신에게 요구하지 않으며 그 일에 걸리는 시간쯤은 예측하여 목적을 이루어야 하는 행동 면에서의 요청이 있다.

② 엄격한 시간 개념

기업에서 사람들이 모두 협력하여 하나의 목적을 달성하기 위한 중요 요소는 시간을 서로 의식해서 행동하는 것이다.

③ 조직과의 조화

자기 업무만 훌륭히 하면 되는 것이 아니라 조직 전체로 보아 좋은 업적을 거둘 수 있도록 적극적인 협력태도가 요망된다.

(3) 회사는 규칙위반자에게 엄한 곳

직장에서 지켜야 할 규칙을 어기게 되면 회사의 이미지가 나빠지고 팀워크가 이루어지지 않으며 사고가 발생하고 경영방침의 추진이 불가능 해지므로 위반해서는 안 되며 위반자에게는 그에 상당한 처벌이 가해진 다. 위반하게 되면 상사에게 엄하게 주의받는 것만으로 끝나는 것이 아 니다. 규칙을 어기는 것과 인사고과도 나빠지고 성과급도 적어지게 되 며 회사의 명예를 훼손하게 되거나 큰 사고로 연결되면 퇴직을 해야 되 는 경우도 있다.

(4) 회사의 규칙은 준수해야 한다.

회사의 규칙은 필요해서 만들어진 것이다. 이것을 지킴으로써 회사는 직원들을 양식 있는 사람으로 평가하게 된다. 그러므로 입사한 회사에 는 어떠한 회사의 규칙이 있는지 선배에게 물어보고 사내규정을 미리 연구하고 공부하면 직장생활에 많은 도움이 된다.

(5) 근무태도와 근무규정

회사와 사원 근로계약에 의해 맺어져 있다. 취업 규칙에 정해진 취업 시 간은 근로 계약 가운데 가장 기본적인 부분이다. 근로계약은 채용된 사 원은 첫 출근 일로부터 계약에 따라서 일할 것이 이루어진다. 계약에 따 른다는 것은 구체적으로는 취업규칙을 지키는 것이다.

취업규칙에는 일하는 시간이 정해져 있다. 업무를 시작하는 시간과 종료하는 시간으로 이는 계약 내용 가운데 가장 기본적인 부분이라고 할 수 있다. 왜냐하면, 회사는 미리 정한 근무시간을 바탕으로 전체 업무량을 계산하여 경영계획을 세워나가기 때문이다. 즉, 개개인이 계약대로 근무시간을 지키지 않는다면 회사의 경영활동은 성립할 수 없게 된다. 그러므로 근로계약을 1일 단위로 볼 경우 아침의 업무개시 시간을 계약 이행의 출발점이다. 사람과 사람이 어떤 계약을 맺고 이제 계약 내용을 실행하는 단계에 처음부터 그것을 어기는 경우는 생각할 수 없는 일이다. 지각자는 그런 있을 수 없는 일을 태연히 하고 있는 것이다. 처음부터 계약을 어기는 사람과는 아무도 계약하려고 하지 않을 것이다. 즉, 자연히 계약사회의 낙오자가 된다. 비즈니스 세계에서는 계약사회라는 사실을 잊지 말아야 한다.

① 약간의 지각에 인생의 낙오자가 된다
근무 시작 시각 직전이 되면 회사를 향해 필사적으로 달려가는 광경을 매일 아침에 볼 수 있다. 타임 레코더 앞에서 '아차 1분 늦었다.' 등으로 안타까워하는 사람이 있다. 그러나 1분이나 2분 정도라면 별로 죄의식도 없는 듯이 다른 사람에게 사과하지도 않고 태연히 자리에 앉는 사람이 적지 않다. 심한 경우에는 상사가 주의를 주어도 웃음으로 얼버무리거나 '겨우 1분 지각한 것을 가지고 무슨 생각하는지, 노골적으로 불만

스런 표정을 짓기도 한다. 지각은 몇 분 늦었는지로 무거워지거나 가벼워지나 하는 것은 아니다. 1분의 지각도 10분의 지각도 30분의 지각도 정해진 근무시간을 지키지 않았다는 점에서 같은 것이다.

직장인으로서 중요한 일은 정해진 규칙을 지킨다는 것이다. 문제는 지켜지는가, 지키지 않는가의 한 가지 점에 있다. 1~2분 늦은 일에 대해 아무렇지도 않게 생각하는 사람은 대체로 근무시간을 지키지 않으며 사생활 면에서도 태연히 약속을 어기는 사람일 것이다. 그까짓 1분이라는 생각을 지닌다는 것은 원래 규칙이나 약속을 경시한다는 증거이다. 그런 사람은 기피를 당하고 조직 내부에서도 신뢰를 받지 못한다. 요즘 젊은이 중에서 지각하는 사람을 자주 보게 된다. 지각은 프로의식의 결여이며 응석 부리기이다. 단 한 명의 지각이더라도 부서 전체의 일하고자 하는 의욕을 사라지게 한다. 정시까지 출근하지 못하는 자는 수치를 모르는 자이며 의지박약한 패배자다.

② 부득이한 지각은 근무시간 전에 상사에게 사전에 연락을 취하는 것이 원칙이다

사고에 의한 버스나 전철의 지연 등, 지각에는 부득이한 사례가 있다. 이런 경우에는 최대한 빨리 연락하는 것이 중요하다. 원칙적으로 근무시간 전에 연락해야 한다.

③ 근무시간은 출근 시간이 아니라 업무개시 시간이다

근무시간을 출근 시간이라고 착각하고 있는 사람이 있다. 근무 시간이란 글자 그대로 업무를 시작하는 시간이다. 여유 있는 출근은 직장의 규율로서 당연하다. 시간이 임박해서 출근하는 사람이 있으며 이런 사람은 실질적으로는 아웃, 즉 지각과 같은 것이다. 왜냐하면, 시간에 쫓기는 출근이라면 근무시간에 일할 수 없기 때문에 직장의 사정에 따라서 다르지만, 일반적으로 출근한 다음 실제로 일을 시작하기까지 5분이나 10분은 걸린다. 결국, 업무를 시작해야 할 근무시간에 대해 10분 정도 지각한 결과가 된다. 엄밀하게 말하면 이것도 취업규칙 위반이 된다.

취업규칙에는 보통 근무개시 시간과 종료시각 및 휴식 시간이 명기되고 휴식시간을 제외한 실질근무 시간도 기재되어 있다. 실질 근무시간은 어디까지나 실제로 일하는 시간이며 회사에 있는 시간을 말하는 것은 아니다. 그러므로 시작이 좋으면 끝도 좋다는 말이 있지만 반대로 말할 경우 시작이 나쁘면 끝도 나쁘며, 출발이 나쁜 것은 끝까지 영향을 준다. 대체로 매일 아침 숨차게 자리에 앉는 사람은 별로 좋은 일은 하지 못하는 법이다. 상사의 평가도 자연히 낮아질 것이다. 그래서 출발에 대한 평가 시점은 중요도가 높은 것이며 출발점에서 나쁜 평가를 받은 사람이 그것을 만회하는 일은 쉬운 일이 아니다.

④ 휴식시간을 준수해야 한다

점심시간에 오락이나 운동을 하는 것은 나쁘지 않다. 그러나 정도가 지나쳐 오후의 업무에 나쁜 영향을 미친다면 문제이다. 휴식시간은 회사 내에 규율유지를 방해하지 않는 한 자유롭게 이용할 수 있다. 다만 휴식시간 중에 외출하는 경우에는 외출계를 제출하고 근무시간 10분 전에는 귀사해야만 한다. 일반적으로 휴식시간도 직장의 규율이 적용되므로 자기 멋대로 사용할 수는 없다. 예를 들면 사업장 내부에서 정치적인 집회를 개최하는 것은 일반적으로 금지되어 있으므로 점심시간일지라도 할 수 없다. 휴식시간은 심신의 피로를 없애고 다음 출발을 향해 활기를 마련하는 시간이다. 점심시간에 가벼운 스포츠를 하며 오전 중의 스트레스를 해소하는 것은 대단히 좋은 일이지만 도가 지나쳐서 오히려 신체를 피로하게 한다면 곤란하다.

장기나 바둑 등의 오락으로 마음의 피로를 가시게 하는 것도 나쁘지는 않지만 지나치게 열중하여 흥분상태가 남는다면 안 된다. 그래서 취업규칙에도 있었듯이 외출한 경우에는 10분 전에 돌아오는 것이 일반적인 규칙이다. 그리고 5분 전에 업무 위치에 자리 잡고 근무시간이 되면 즉각 업무에 돌입할 수 있는 태세를 갖추어 두어야 한다.

⑤ 상대방의 입장을 존중하는 것이 중요하다

조직의 업무는 각각의 입장을 서로 존중함으로써 유지되어 나간다. 업무에는 반드시 상대가 있다. 즉 업무의 상태가 동기나 후배일지라도 고객이라는 마음으로 대하지 않는다면 전체적으로 좋은 일은 할 수 없다. 높임말까지 사용할 필요는 없지만, 최소한 정중한 언어를 사용하도록 한다. 또한, 윗사람이나 사외의 사람에 대해서는 당연히 높임말을 써야 한다. 더욱이 정확히 사용할 것이 요구된다. 정확히 사용함으로써 비즈니스 사회의 질서가 유지되기 때문이다. 그리고 정확히 사용하지 않으면 본인의 평가가 나빠져서 손해를 본다. 사외의 사람일 경우에는 더욱 주의가 필요하다. 높임말을 쓰지 않거나 잘못 사용하거나 하면 상대방은 기분을 상하고 거래에 마이너스로 영향을 미치는 경우도 있을 수 있다.

⑥ 시간 관리를 철저히 한다

정해진 시간을 지키는 것은 직장의 불문율이다. 회의 등 많은 사람이 관계되는 경우에는 한 사람의 지각이 그 몇 배의 시간 손실을 초래한다. 시간을 지킬 수 없는 사람은 비즈니스맨으로서 실격이다. 만약 부득이하게 늦어지는 긴급사태가 발생했다면 회의 시간 전에 주최자 또는 사회자에게 연락하는 것이 예의이다. 이처럼 회의나 협의에 대한 지각은 다른 사람의 업무를 방해하는 죄 많은 규율위반이다. 요즘 근무시간 단축의 문제가 거론되고 있지만, 시간 단축은 시간 엄수의 철저한 이행 없이는 실현될 수 없다. 또한, 약속시간의 엄수는 비즈니스 사회의 불문율이다. 어기면 신용을 잃는다.

사생활 면에서 신용을 잃는 것은 멋대로 해도 되지만 업무상일 경우에는 본인보다 회사의 문제가 되므로 일은 중대해진다. 실제로 약속을 지키지 않으면 상대방의 신용을 잃고 회사까지 나쁘게 평가되는 결과가 되므로 실력 있는 사람이라고 도저히 말할 수 없다. 오히려 회사에 손해를 가져다주는 부류에 들어간다. 비즈니스 세계로 바꾸어 말한다면 약속시간을 어기는 것은 상대방 회사의 근로시간을 도둑질하는 결과가 된다. 그러므로 약속시간은 상대방에게 미치는 피해는 너무나 크다. 안일하게 생각할 수 없는 일이다.

⑦ 중요한 정보나 문서에 대한 인식을 분명히 해야 한다

중요한 서류를 책상 위에 놓은 채 자리를 뜨는 사람이 있는데 경솔한 행동이다. 방문객이 훔쳐보고 중대한 손해가 발생할 수 있다. 자리를 비울 때는 반드시 다른 사람이 안 보는 곳에 두어야 한다. 중요한 서류라는 사실을 충분히 인식하고 있으면서 업무에 열중하는 동안에 그런 의식이 희박해지는 경우가 없지도 않다. 중요한 서류라는 의식이 희박해지면 소홀히 다루게 된다. 그러다 보면 서류를 보게 할 뿐 아니라 분실이나 파손하게 하는 경우도 생각할 수 있다. 아무도 깨닫지 못하는 사이에 바람

이 붙어서 쓰레기통에 들어가는 등으로 만화 같은 사태도 발생할 수도 있다. 그건 중요한 서류이므로 실제로 이런 일이 일어난다면 가벼운 문제가 아니다. 중대한 실수로 책임을 지게 될 것이다. 그러므로 자리를 떠날 때는 중요 서류를 반드시 서랍에 담거나 가까운 동료에게 일시적으로 관리를 부탁해야 한다. 화장실을 가는 약간의 시간이라도 자리 뜰 때는 반드시 그렇게 해야만 한다.

회사에는 사외에 알리고 싶지 않은 정보가 많이 있다. 회사의 내부 정보는 경솔하게 사외에 누설하지 않는 것이 원칙이다. 특히 극비 정보는 가족에게도 절대로 입 밖에 내어서는 안 된다. 현대의 기업경쟁은 정보 전쟁의 양상을 띠고 있다. 각 기업은 모두 경쟁 상대보다 한발 앞서 모든 정보를 입수하고자 하고 있다. 당연히 경쟁 상대의 내부 정보도 노리고 있으며 날카로운 안테나를 펼치고 있다. 신입사원의 경우 정보의 중요성에 대한 인식이 아직 희박하고, 얘기하다 보면 함구령을 잊어버리고 떠들기 쉬우므로 주의해야만 한다. 가족이나 친구, 또는 연인, 약혼자에 이르기까지 절대로 입 밖에 내지 않겠다고 마음속으로 맹세해야 한다. "고의 또는 중대한 과실에 의해 기밀 정보를 누설했을 때에는 징계 해고에 처한다."는 것이 일반적인 취업규칙이다.

47

업무에 임하는 자세

(1) 직업인은 프로다워야 한다

프로란 Professional의 약어로 전문적인 능력을 갖추고 보수를 받는 사람, 즉 회사에 근무하고 있는 사람도 포함된 직업인을 말한다. 프로의식이란 직업인으로서 가져야 할 마음가짐이라고 할 수 있다. 프로와 아마추어는 능력 면에서도 마음가짐에서도 현격한 차이가 있어야 한다.

(2) 직업인은 최고의 능력을 발휘해야 한다

직업에 관한 능력이 아마추어와 같은 수준이어서는 안 된다. 가수를 예로 들면 노래자랑에서 우승한 사람, 그 이상의 능력을 갖추지 못하면 프로로 통할 수 없다. 그러므로 회사와 회사와의 경쟁에서 승패는 회사 이익률이 많고 적음으로 나타난다. 하지만 회사의 힘은 사원의 실력에 의존하고 있기 때문에 사원 개개인의 능력이 동업종 타사 사원의 능력을 훨씬 능가해야 한다. 사원 각자가 자기분야에서 최고의 능력을 갖춰야 타 회사와의 경쟁에서 이길 수 있다. 수준 이상의 최고 능력을 갖추는 일은 쉬운 일이 아니다. 표준 정도의 능력까지는 상사나 선배에게서 배울 수 있으나 최고의 뛰어난 능력은 배울 수 없다. 스스로 고생하고 많은 노력에 의한 체험을 겪어야만 비로소 갖출 수 있는 것이다.

(3) 직업인은 능력을 업무수행에서 발휘한다

아무리 훌륭한 능력을 갖췄어도 실제 현장에서 그 능력을 발휘하지 못한다면 아무런 소용이 없다. 능력은 있어도 실전에서 발휘하지 못하는 사람이 의외로 많다. 실제로 현장에서 능력을 발휘할 수 있으려면 항상 조건을 갖추고 주도면밀하게 준비해 두어야 한다. 우선 육체적·정신적으로 건강해야 한다. 컨디션이 좋지 않다든가, 가정에 문제가 있다든가 해서는 실력을 마음껏 발휘할 수도 없다. 또한, 컨디션뿐만 아니라 그밖의 여러 가지 준비도 중요하다. 일류 직업인은 도구도 소중하게 다루어서 최고의 상태를 유지한다. 직장의 정리정돈도 청결함만을 위해서가 아니라 좋은 업무수행을 위해 필요한 조건인 것이다. 즉 모든 조건이 갖춰져야만 비로소 실력을 발휘할 수 있다.

(4) 직업인으로서의 집념

프로는 최고의 능력을 갖추고 최고의 준비를 하여 실전에 임한다. 그뿐만 아니라 더 필요한 것은 자기 업무에 대해 직업인이 지녀야 할 자긍심을 갖고 임하여 최고로 완성한다는 집념이다. 취업하려는 학생 여러분은 회사에 취업이 되었을 때 프로로 성장하기를 진정으로 바라고 있다. 그리고 선배나 상사가 어려운 요구를 하는 경우가 있는데 그럴 때는 나를 성장시키려는 방편으로 받아들이기 바란다.

각 기업이 요구하고 있는 21세기에 요구되는 새로운 직장인의 상은 첫째, 창조적 능력(creation)이다. 우리가 항상 새로운 시각으로 전문가적 식견을 갖추고 언제나 새로운 것을 추구하는 사람이다. 둘째, 원활한 의사소통능력(communication)이다. 지금은 국제화 시대 모든 경제활동이 한 지역 한 국가가 아니고 모든 국가의 경제교류가 활발하게 이루어져서 정보를 전달하기 위해서는 자기의 국어나 국제적으로 통용되는 외국어로나 전달하고자 하는 분명한 의도가 효율적으로 직장상사의 동료, 고객, 외국무역거래를 하는 사람에게 설득력 있게 전달할 수 있는 언어 구사능력이 있어야 한다. 셋째, 인간적 신뢰(credit)이다. 이는 근본적으로 정직성이 있어야 한다. 공과 사를 정확히 구별하여 맡겨진 일을 확실하게 추진할 수 있는 자세가 되어 있어야 한다. 아무리 능력이 뛰어나다 해도 자기 이익에 따라 기업을 경영하는 사람은 바람직하지 않다. 기업에 있는 한 철저히 기업의 정보를 지키고 배반하지 않으려는 기본품성을 지녀야 한다. 넷째, 확실한 위치(certainty)가 있어야 한다. 기업에 꼭 필요한 사람으로 기업의 이익창출에 기여하며 없어서는 안 될 사람이어야 한다. 다섯째, 컴퓨터 활용능력(computerization)이다. 요즈음은 어떤 일을 하더라도 컴퓨터와 무관할 수 없다. 세계가 정보통신의 발달로 인터넷을 통해서 어느 때든지 일일권으로 정보를 얻을 수 있으므로 전공과 관계없이 컴퓨터를 자유자재로 활용할 수 있어야 한다. 마지막으로 지구촌(cosmopolitan) 사람이어야 한다. 국제화, 세계화에 적응할 수 있도록 외국어 능력과 국제적 감각을 지녀야 하고 사고의 깊이나 행동이 국제적이어야 한다.

21세기 직장인은 올바른 직업관을 바탕으로 창조와 개척정신으로 적극적인 사고와 행동을 하여 자기분야에서 최고가 되겠다는 자세를 가진 사람이다.

건강관리의 중요성

자기 건강을 지키는 것도 사원으로서 중요한 의무 중 하나이다. 회사는 여유 있는 사람을 채용하지 않는다. 전원이 건강하게 업무에 몰두할 것을 전제로 직무를 담당 할당한다. 만약에 누군가가 건강이 나빠져서 결근이나 조퇴를 하게 되면 다른 동료나 선배가 그만큼 고생하게 된다. 따라서 건강한 몸과 마음으로 매일매일을 지낼 수 있도록 몇 가지 주의사항을 알아보자.

(1) 생활의 리듬을 알고 익힌다

제멋대로 하는 것이 용서되었던 학생 시절과 달리 회사생활에서는 시간이 엄격하게 정해진 규칙적인 생활을 해야 한다. 학생 때보다 오랫동안 구속당하고 게다가 중요한 낮시간을 회사에서 일해야 한다. 먼저 이러한 시간에 맞는 생활의 리듬을 몸으로 익히기 바란다.

처음에는 힘들지 모르나 이것도 습관이다. 한 달만 지나면 새로운 생활리듬을 읽을 수 있을 것이다.

흔히 아침형 인간 또는 저녁형 인간이라고 하지만 의학적 견지에서 보면 체질보다 습관에 의해 형성되는 경우가 많다고 한다. 자기의 신체를 새로운 환경에 잘 적응할 수 있도록 단련해야 할 것이다.

(2) 무리하지 않는다

젊다고 무리해서는 안 된다. 아직 탄력성이 있으니까 하루나 이틀쯤 잠을 못 자도 며칠만 지나면 회복이 되겠지만, 그것만 믿고 몇 번씩이나 되풀이하면 피로가 쌓여서 큰 병을 앓게 되는 수가 있다.

피곤하다고 느끼면 무리하지 말고 휴식을 취해야 한다. 정신적인 피로를 풀기 위해서 신체의 피로는 생각지 않고 건전하지 못한 오락에 빠지기 쉽다. 이럴 때는 우선 휴식을 취하기 바란다. 또는 음식에도 주의하자. 학생 시절보다 더 많은 칼로리를 소모하게 되므로 영양의 균형을 잃지 않도록 한다. 독신자나 자취하는 사람은 밥하기가 귀찮아 인스턴트 식품이나 외식에 의존하기가 쉽다. 과음이나 과식도 건강을 해치는 큰 원인이 되므로 이를 삼가야 한다.

(3) 환경이 다른 회사생활을 시작하면 정신적으로는 상당한 부담을 안게

된다

만약 두통, 식욕 감퇴, 변비나 설사 또는 전신의 권태를 느끼면 주의해야 한다. 정신적인 피로가 쌓인 채 풀리지 않는 수가 종종 있다.

이런 정신적 스트레스를 해소하기 위해서는 점심시간을 이용하여 간단한 운동이나 합창, 친구와의 잡담 등으로 일상생활 속에서 자연스럽게 몸을 움직인다. 그리고 신입사원 시절의 정신적 스트레스는 업무 때문이라기보다는 사람들과 잘 어울리지 못하기 때문인 경우가 많다. 이럴 때 혼자서 울적해하지 말고 될 수 있는 대로 마음이 맞는 친구와 이야기를 나누도록 하며 가까운 데서 친구를 찾기 바란다.

(4) 운동을 한다

학생 시절 운동을 했다면 지장이 없는 범위 내에서 그 운동을 하기 바란다. 회사 내에도 좋아하는 사람이 많을 것이다. 그 사람들과 함께 점심시간이나 휴일에 운동하면 심신의 건강에 큰 도움이 될 것이다. 업무에 따라서는 특정한 근육만을 사용하는 수도 있고 온종일 앉아만 있는 경우도 있을 것이다. 이럴 때 적당한 운동을 하여 회사생활의 리듬을 찾고 피로를 풀기 바란다.

3. 이상적인 신입사원

상사나 선배는 신입사원들이 '어떤 신입사원일까?', '훌륭한 신입사원이면 좋겠다.'라고 바라고 있다. 그들이 바라는 좋은 신입사원, 즉 이상적인 신입사원이란 어떤 사람을 뜻하는지 알아보자.

명랑한 사람

젊음이 넘치는 신입사원은 밝고 쾌활하여야 한다. 자신이 명랑하면 주위에 활기찬 분위기를 조성하게 되며 상사나 선배도 일을 부탁하기 쉬운 사람으로 보게 된다.

소속 부서에 빨리 적응하는 사람

소속될 부서가 정해지면 반드시 어느 부서에서나 신입사원 환영파티를 연다. 그것은 신입사원이 오는 것은 기뻐하는 증거이다. 그들의 환영에 보답하기 위해서는 또한 그들에게 호감을 주기 위해서도 소속 부서의 사람들과 잘 어울려 그 부서의 분위기에 빨리 익숙해지도록 노력해야 한다. 그런데 자기가 희망한 부서에 배치되지 않는 경우도 있다. '기획과에서 일하고 싶었는데 경리과에서 근무하리라고는 생각도 하지 않았다.'라고 말하며 좀처럼 소속된 부서에 적응하지 않는 사람이 있다. 이것은 바람직하지 못하다. 자기가 희망한 부서가 아닐지라도 거기서 다른 사람들과 잘 어울리는 것이 조직이다.

평론가가 아니라 실행력이 있는 사람

'이론은 그럴듯한데 조금도 행동이 뒤따르지 않는다. 말이 많고 말하는 내용은 그럴듯한데 하는 행동은 그에 못 미친다. 자기 자신도 별수 없으면서 남을 비판하기를 좋아한다.'라고 상사나 선배들로부터 평을 받는 신입사원이 있다. 대체로 이와 같은 신입사원은 실행력이 부족하며 또한 일을 시켜도 잘하지도 못하면서 이론만 늘어놓는 사람이다. 그들이 원하는 것은 말만 앞세우고 실행력이 없는 신입사원이 아니라 말과 행동이 일치하는 사람을 원한다. 신입사원은 대개 직장에서 갖추어야 할 이상적인 자세를 모르고 이론만으로 일하려는 경향이 있는데 그렇게 마음대로 되지 않는 곳이 직장이다.

무슨 일이든지 열심히 하는 사람

신입사원이란 직장에 대해서 아무것도 모르는 사람을 말하지만 하루빨리 무엇이건 다 아는 사람이 되어 주길 바란다. 그러기 위해서는 어떤 일이든지 열심히 해야 한다. 자기가 좋아하는 일만 열심히 하고 싫어하는 일이라고 해서 적당히 해서는 안 된다. 어떤 이이든지 진지하게 임할 때 빨리 성장할 수 있다.

주위 사람과 잘 지내는 사람

'저 사람은 싫으니까 말도 하기 싫고 업무적으로도 협력하기 싫다. 이 사람은 호감이 가는 사람이니까 사이좋게 지내고 적극 협력 해야지.' 하는 기분으로 근무하면 주위 사람과 잘 지낼 수 없다. 주위 사람들과 화목을 유지하면서 직장생활을 하는 것이 대단히 중요하다. 그러면 왜 그렇게 하는 것이 중요한지 그렇게 하기 위해서는 어떻게 하면 되는지 이제부터 설명하기로 한다.

제7장

좋은 이미지는
성공의 지름길

성공하려면 이미지 메이킹을 하는 것이 중요하다.

48

겉모습으로 사람을 평가하지 마라

어떤 사람을 평가할 때에 겉모습으로 판단해서는 낭패를 볼 수가 있다. 즉 옷, 액세서리, 몸가짐 등을 기준으로 삼지 말아야 한다. 그것이 그 사람의 내면을 결정하지 않기 때문이다.

하지만 남에게 빈축을 살 정도의 모습이라면 내면의 훌륭함을 이해시키는데 많은 시간이 소요된다.

사람은 주변 사람들이 도와주거나 애정을 가지고 지켜봐 주기 때문에 타인과 인간관계를 원활하게 처리해 나갈 수가 있다. 만약 자신의 개성을 살리기 위해 불쾌감을 준다면 이것은 매우 빈약한 개성인 것이다. 한마디로 개성이란 타인에게 받아들여져야만 개성으로 평가받을 수 있다. 즉 타인에게 받아들여질 수 없는 개성은 오직 빈축만 살 뿐이다.

개성 있는 패션 감각이 중요

샐러리맨 사회에서 유행이나 멋의 감각을 알고 있다면 그는 반드시 눈에 띌 것이다. 하지만 너무 돋보이지 않게 하거나, 검소하게 보여야 하거나 등의 이유 때문에 결국 모두가 비슷한 옷을 입게 된다.

또 개성적인 취향이나 성격을 생각하지 않고, 휴대품이나 소지품마저 주변 사람들과 똑같은 것을 가지고 다니는 경우도 있다. 이밖에 부장의 옷차림이 변하면 신입사원에 이르기까지 모두 변하는 회사도 있다.

어쨌든 개개인의 개성이 너무 강하게 표출된다면 그것도 문제가 된다. 하지만 약간의 개성은 회사의 분위기를 훨씬 밝게 할 것이다. 옷차림은 상대방에게 어떠한 인상을 줄 수 있느냐이다.

50

자신에게 자신 있는 부위를 알려라

거리에 나가보면 제대로 요건을 갖춘 미인이 없다. 보편적으로 여성들은 자신의 외모가 중간 또는 그 이하라고 생각하고 있다. 그렇게 생각하기 때문에 소극적인 행동으로 화장이나 복장 역시 평범한 것이다.

여성들은 이런 생각에서 벗어나야 한다. 즉 여성들에겐 반드시 다른 사람에게 없는 아름다운 매력 포인트가 있는 것이다.

예를 들면 당신은 남들보다 아주 예쁜 목선을 가지고 있을 수도 있다. 그런 아름다운 목선을 머리카락이나 목 티셔츠로 가린다면 얼마나 안타까운 일인가. 한마디로 자신의 개성을 잘 부각해 매력적인 여성으로 탈바꿈하는 것이 중요하다.

몸단장은 기본적인 마음

몸치장에 있어서 남들과 똑같다면 무슨 매력이 있겠는가. 이에 따라 다른 사람보다 한발 앞선 몸치장을 해야만 튈 수가 있다. 하지만 너무 지나치게 튀면 오히려 그것으로 인해 별종으로 놀림 받을 수도 있다. 이와 반대로 너절한 차림은 주위에 빈축을 살 수 있기 때문에 곤란하다.

즉 센스가 있는 몸단장이란 사치나 멋과는 엄연하게 다르다. 사치는 멋을 즐겨보겠다는 것이지만 몸단장은 상대에게 예의를 표하는 기본적인 마음이다. 따라서 기본적인 마음을 지켜나가기 위해서는 출근 전 시간적인 여유를 가지고 차림새를 점검하는 습관을 기르면 성공할 수가 있다.

52
삶은 무대 위에 서 있는 연극배우

인생은 성적이나 점수로 표시되지 않지만, 실적, 인품, 인간관계, 주변 사람의 공론 등으로 능력이 결정된다. 과거 학생 시절 때 아무리 화려했다 해도 그것이 사회로 연결되지 못한다. 즉 한때의 추억으로 기억될 뿐이다.

가장 중요한 것은 추억이 아니라 지금 있는 곳에서 꽃을 피워야 한다. 회사생활에서 입사부터 정년까지만 계산해도 얼추 30년 정도라는 인생의 장이 있는 것이다. 새로운 환경, 새로운 인간관계 등 모든 것이 새로운 상황이다. 이 중에서 가장 새로운 것은 당신의 기분이다.

다시 말해 회사가 당신에게 기대하고 있는 것은 바로 그 새로운 것이다. 당신이 무대 위에서 한걸음 내디딜 때마다 선배나 상사를 비롯해 당신 주변의 모든 사람은 당신이 어떤 연기를 보여줄 것인가를 기다리고 있다. 박수를 받을 것인가 아니면 조롱을 받을 것인가는 전적으로 당신에게 달려있다.

양복 상·하의를 구겨지지 않게 조심

거리에 나가보면 우중충한 옷차림의 젊은이들을 볼 수 있다. 이런 사람은 젊음은 물론이며 아름다움에 대해서 손해를 보고 있는 것이다. 물론 계절 따라 새로운 양복을 마련할 수는 없겠지만, 최소한 말끔하게 차려입는 것이 중요하다.

출근할 때 가능한 한 양복바지의 주름은 곧게 세워라. 더구나 상의가 구겨져 있는 것도 좋지 않다. 만원 버스나 전철에 시달리다가 구겨졌다는 변명은 통하지 않는다. 한마디로 게을러서 다림질하지 않았다는 것이 금방 탄로 난다.

그리고 옷의 주름을 피하기 위해서는 자리에 앉았을 때 주의해야만 한다. 그것을 방지하기 위해서는 의자에 깊이 앉지 말아야 한다.

54
셔츠와 넥타이의 조화는 고급스럽게

회사생활에서의 이미지 형성에 가장 중요한 것은 깔끔하게 차려입은 양복이다. 색상은 가능한 한 파워풀하게 보이는 어두운 감색이나 쥐색이면 된다. 하지만 세일즈맨이나 영업직에 종사하는 사람들은 감색이나 쥐색이 아닌 상대방에게 부드러움을 주기 위해 그레이 슈트 정도면 된다.

경영진이나 중역이라면 브라운 슈트를 피해야 한다. 브라운 슈트를 입어 성공한 기업인은 아무도 없다. 그 이유는 약하고 지친 인상을 주기 때문이다. 그렇지만 저널리스트처럼 대중에게 쉽게 접근해야 하는 직업인에게는 좋다.

또한, 상대방을 설득하고 이해시킬 때는 옅은 색을 입고, 위엄을 강조하거나 성공인의 이미지를 보여줄 때는 어두운 컬러의 강한 색상대비가 좋다. 협의하러 갈 때는 짙은 감색 슈트보다 옅은 그레이 색상을 입어 부드럽고 편안한 이미지를 주는 것이 좋다.

셔츠와 넥타이의 선택은 우리나라 직장인들이 가장 많이 실패하고 있는 부분이다. 따라서 흰 셔츠일 때 크림색이 도는 흰색을 선택하는 것이 노란색의 느낌이 드는 보통 사람에게 잘 맞는다.

오피스 걸의 기본은 패션 감각이 깃든 옷차림

흔히 여사원들을 사무실의 꽃이라고 한다. 젊음 그 자체도 아름답지만 다양한 색상으로 골라 입을 수 있는 미적 감각까지 겸비하고 있기 때문이다. 그렇지만 회사에 근무하면서 어찌 된 일인지 발랄함과 화사함이 사라지는 이유는 무엇일까?

더구나 데이트할 땐 발랄하고 멋지게 차려입지만, 회사에 출근하면서는 개성 없는 평범한 옷차림을 한다. 물론 애써 차려입어도 혼잡한 출근길에 쉽게 엉망이 되어버리기 때문에 아예 포기하는 경우도 있다.

하지만 아름답다는 것은 그만큼 주위를 끌 수 있지 않겠는가. 따라서 혼잡한 시간을 피해 조금만 더 일찍 출근한다면 충분하게 자신의 멋을 인정받을 수 있게 될 것이다.

56
깔끔한 외모는 청결을 의미

회사생활에서 머리 스타일도 매우 중요하다. 즉 회사는 예술가 집단이
아니기 때문에 극단적인 장발이나 다듬지 않은 콧수염 등은 실례가 된
다. 다시 말해 청결은 사회생활이나 일상의 마음가짐으로 유지한다.

매일 아침 수염을 깎고, 손톱을 정리하고, 목덜미나 귀 뒤를 깨끗이
해야만 한다. 더구나 입 냄새와 체취도 단정한 몸가짐에서 매우 중요한
부분을 차지한다.

깔끔하게 차려입은 상태에서 입 냄새, 암내, 땀 냄새 등을 풍기면 어
떻게 되겠는가. 반드시 식후엔 양치질하거나 최소한 입을 헹구고 껌이
라도 씹어서 입 냄새를 제거해야 한다.

커리어우먼의 패션 감각

일하는 여성의 옷차림 원칙은 좋은 품질, 유행에 뒤지지 않는 클래식한 옷을 선택해주면 된다. 그러기 위해서는 싸구려 옷, 유행에 뒤처진 옷, 부조화의 옷, 몸에 꼭 맞거나 가슴이 파진 옷 등은 피해 주는 것이 좋다.

색상은 단색이어야만 오히려 다양하게 입을 수 있고 짙은 색은 권위를 내세울 수 있다. 소재는 천연섬유가 으뜸이지만 마직 옷은 직장에서 입기엔 좋지 않다. 또한, 반짝이나 스팽글이 많이 달린 옷이나 전체 합성섬유로 만든 옷 등은 피해야 한다.

구두는 가죽구두가 좋은데, 될 수 있는 대로 클래식하되 유행에 뒤처지지 않은 것이 좋다. 이때 스커트와 동일한 색이나 짙은 색상이 좋다. 만약 스커트보다 다소 밝은 색일 땐 구두와 동일한 색깔의 액세서리를 하면 해결된다.

특히 키가 작다면 작은 가방을, 키가 큰 사람은 큰 가방이 어울린다. 헤어스타일은 얼굴형과 어긋나지 말아야 한다.

58
안경을 액세서리로 생각해야

사회생활에서 자신의 이미지는 상대방에게 매우 중요한 인상을 심어준다. 즉 안경에서 구두까지 소품 액세서리의 연출이 무척 중요하다는 말이다. 예를 들면 상사나 거래처 직원을 만날 때 가장 먼저 눈에 띄는 것이 구두인데, 방심하기 쉬운 것도 바로 구두다. 만약 사무실에 개인 사물함이 있다면 별도로 한 켤레 준비하는 것도 좋다.

만약 눈이 나빠 안경을 쓰고 있다면 이번 기회에 개성과 유행에 맞는 안경테로 바꾸는 것도 좋다. 즉 안경의 위 테는 눈썹 선에 맞추거나 조금 위로 올라가야 하고, 안경의 다리는 위 테와 같게 하거나 중간보다 위쪽으로 올리는 것이 좋다.

보편적으로 하나 정도의 안경을 가지고 있을 것이다. 안경은 옷처럼 매일 바꿔 사용할 수가 없지만 될 수 있는 대로 두세 개 정도 갖춰놓는 것이 좋다. 이때 안경을 패션을 생각해야 한다.

또한, 흰색이나 무늬가 복잡한 양말은 피하는 것이 좋은데, 그것은 눈에 너무 띄기 때문이다. 양복색깔과 구두 색깔과 같은 색상의 양말이 좋다. 구두는 검은색이 좋지만, 싫증이 난다면 진자주색 정도는 괜찮고 브라운 색상은 나쁘다. 흰색 구두는 비즈니스맨에게 좋지 않다.

유니폼도 개성과 멋이 있어야

직장에서 유니폼을 입는다면 그것에서도 개성과 멋을 찾아야 한다. 점심 때나 휴식을 할 때, 20~30분 정도일지라도 유니폼을 한 번쯤 벗는 것도 좋다. 또한, 직장 분위기와 동떨어진 옷차림이나 화장을 한다면 매력을 삭감하는 결과가 된다.

남성보다 여직원이 특별하게 신경 써야 할 것은 머리카락이다. 즉 일하기 편하도록 깔끔한 것이 좋다. 긴 머리카락을 손으로 넘기면서 일하는 모습은 보기에도 비능률적이다. 더구나 윤기 없는 머리카락이라면 당신의 매력은 더 떨어질 것이다. 다음은 직장인으로서의 몸가짐에서 소홀하기 쉬운 몇 가지를 소개한다.

1. 옷에 구겨짐이 없이 단정하게 입는다.
2. 와이셔츠의 소매 끝이나 목깃이 청결해야 한다.
3. 구두는 항상 깨끗하게 닦는다.
4. 신사복과 잘 어울리는 넥타이를 착용한다.
5. 호주머니가 부풀리지 않도록 한다.
6. 작업복은 규정대로 입는다.

60
학교의 우등생이 사회의 우등생은 아니다

학교의 우등생이 사회의 우등생이 될 수가 없다. 따라서 학교에 다닐 때처럼 똑같은 마음으로 직장생활을 한다면 큰 낭패를 볼 수 있다. 즉 학교 다닐 때 모범생이 사회생활에서 제대로 평가받지 못하고, 빈둥빈둥 놀고 학점도 좋지 않았던 사람이 뜻밖에도 직장에서는 승승장구하는 경우가 있다.

그 이유는 학교와 직장의 성격이나 인적구성 등 모든 점이 다르기 때문이다. 다시 말해 지금까지의 생활이 다소 방만했거나 혹은 두각을 보이지 못했다 하더라도 과거와 단절해 얼마든지 새로운 인생의 장을 펼칠 수 있는 것이다.

제8장

조직의 필요성과
규칙의 필요성

어느 단체이든 조직이 있고 규칙이 있다.
규칙을 잘 활용해야 한다.

61

당신도 마음만 먹으면 할 수 있다

일에 쫓길 때마다 하루가 좀 더 길었으면 할 때가 있을 것이다. 경쟁이 심한 오늘날의 비즈니스는 이것이 더욱더 중요하게 느껴진다. 비즈니스 사회에서는 경쟁상대보다 조금 더 빠르고 효율적인 조직을 가진 기업이 성공한다. 그 결정적인 수단은 기계도 제품도 아닌 바로 비즈니스를 하는 사람인 것이다.

아무리 첨단과학이나 의학의 힘을 빌린다고 해도 알약을 입에 쏙 집어넣어 당장 유능한 '자기' 관리자가 될 수는 없다. 그러나 당신도 마음만 먹으면 할 수가 있다.

경청에도 특별한 기술이 필요

경청하는 것도 하나의 기술이고 이에 따라 많은 이익까지 얻을 수 있다. 또한, 이런 사람은 다른 사람과 사이좋게 지낼 수도 있다. 보편적으로 경청하는 것보다 이야기하는 것을 좋아한다.

즉 상대방이 말하고 싶은 대로 내버려둔다면 반드시 당신에게 고맙다고 할 것이다. 그렇지만 이런 일은 당신을 경청하는 기계로 만들어 버릴 수가 있다.

특히 시시한 잡담은 시간만 낭비한다. 다시 말해 당신 귀를 빌려주는 것은 돈을 빌려주는 것과 같아서 신중해야 한다.

63

조직은 개인보다 단합이 중요

조직은 다양한 사람들을 인위적으로 결합해서 일하게 한다. 이런 것이 학교나 지역 관계(이웃), 취미가 같은 친구와는 완벽히 다르다. 예를 들어 학교 또는 지역의 친구라면 마음이 맞지 않아 밉다면 관계를 갖지 않아도 무관하다. 이에 따라 자신의 희망에 따라 그 결합을 선택할 수가 있는 것이다.

그러나 회사의 인적결합은 개인의 기호나 감정이 아닌 목적달성의식이나 능력, 자격이나 자질에 따라 채용되는 경우가 많다. 따라서 마음이 맞는다거나 맞지 않는다는 식의 이유가 있어도 자기 마음대로 할 수가 없다. 그렇다고 선배, 상사가 시키는 대로 하라는 것은 아니다. 채용된 이상 조직을 위해 일을 해야만 한다.

대화는 즐겁게 하는 것이 유익

어렵고 난처한 입장에 처한 경우라도 가능한 한 상대방의 기분을 상하게 하는 이야기를 해서는 안 된다. 예를 들어 퇴근 후 약간 늦게 집으로 돌아와 보니 친구들이 집에서 기다리고 있었다고 가정해보자. 그때 친구들에게 '서둘러 왔는데 길이 막혀 사람만 피곤해.'라는 짜증스런 말을 꺼냈다면 친구들은 정신적인 부담감을 느낄 것이다.

이처럼 난처한 표현방법으로 상대방을 부담스럽게 한다면 이것은 불안과 함께 스트레스를 유발하는 동기가 된다. 즉 부정적이 생각에서 자기 생각이나 느낌을 이야기할 때의 대화는 퉁명스러워 쉽게 분위기가 깨지게 된다.

다시 말해 대화가 즐거운 마음으로 이어질 수 있을 때 상대방과의 대화는 훨씬 충실해지는 것이다.

65

상대방의 말을 끝까지 듣는 것이 예의다

우리는 상대와 의견이 다르면 그것을 받아들이지 않고 아예 상대방의
이야기를 무시해버린다. 어쨌든 대화를 성공적으로 이끌기 위해서는 끝
까지 경청하는 것이 중요하다.

이것은 이야기가 끝날 때까지 가치부여, 판단, 태도 결정을 보류하는
것이다. 그리고 이야기 중 오해하고 있었던 점과 올바르게 이해했던 점
을 확실히 선별해야 한다. 그러면 자기중심적이며 타인의 말은 부정해
온 것이 틀렸다는 것을 알게 될 것이다.

진급은 실력과 운이 있어야 성공

대기업일수록 최고 경영자의 주의가 부장급까지는 미치지만, 과장급까지는 전달되지 않는다. 하지만 중소기업 이하는 그렇지않고 말단 사원까지 미칠 경우도 있다.

어쨌든 당신은 직접적인 상사의 방침이나 시책에 따라야 한다. 만일 착오가 생기더라도 책임은 상사가 지는 것이다. 그래서 상사가 바로 회사인 것이다.

상사를 섬긴다는 것은 세월이 흐르면 자신도 군림하게 되는 것이다. 따라서 상사를 섬기고 사내질서를 유지한다는 것은 조직의 화합유지뿐만이 아니라 자신을 위하는 길이기도 하다.

더구나 뚜렷한 서열은 능력은 물론 운에 따라 형성되기도 한다. 만약 상사가 자신을 미워한다면 단지 운이 나쁠 뿐이라고 생각해보라. 그러면 훨씬 적응하기가 편안할 것이다.

67
직무의 만족감은 조직화뿐이다

당신의 입장을 확실하게 하기 위해 자신에게 기대되는 일이 무엇인가를 생각해보라. 미국에서 발표한 관리직에 요구되는 행동과 사고방식의 요건을 살펴보자.

1. 일반적으로 비즈니스는 성장하면 할수록 더욱더 복잡해진다. 이에 따라 사내에서 유능한 인물은 물론이고 회계사, 변호사, 경영 상담 등 사외 전문가의 기술과 능력이 점점 필요해지는 것이다.
2. 회사 전체의 일이 진행됨에 따라 당신의 직무가 주어진다.
3. 당신의 직무는 경영방침을 실현하는 일이다.
4. 당신은 부하를 통솔하고 의욕을 부추겨 일을 성사시키는 것이다.
5. 자신의 직무에 대해 항상 반성해야 한다.
6. 매일 혼자서 조용히 생각하는 시간을 가진다.
7. 매일 미래에 대한 계획을 꿈꾸는 시간을 마련해둔다.
8. 일을 시작하기 전에 그 일이 얼마나 중요한가를 확인한 후에 행동한다.
9. 매일 해야 할 일이 똑바로 진행되고 있는지 확인한다.
10. 매일 부하에게 'On the job' 지도를 실시한다.
11. 매일 친구들과 함께 일하고 있음을 잊어서는 안 된다.
12. 하루의 업무를 끝마친 후 책상에 앉아 그날의 일에 대해 반성한다.

이상을 요약하면 능률 있게 달성하고 당신에게 직무만족을 주는 것은 오직 '조직화' 외엔 다른 것이 없다는 것을 깨달았을 것이다. 다음은 의사를 결정할 때 필요한 자기관리의 원칙을 열거해 보겠다.

1. 무엇이 문제인가 살펴본다.
2. 모든 각도에서 문제를 신중히 검토한다.
3. 그 문제에 대한 해결책을 몇 가지 생각해낸다.
4. 가장 좋은 해결안을 선택한다.
5. 결정한 것을 행동에 옮긴다.

68
정신적, 신경적 피로 제거방법

당신은 하루 중 일을 위하여 몇 시간을 소비하는가?

10시간, 12시간 아니면 14시간일까? 이 중에서 과잉긴장에서 발생한 헛된 시간도 꽤 많을 것이다. 그렇지만 다행히도 정신적, 신경적 피로를 없애는 방법이 존재한다.

그렇다면 긴장이나 압력이 어디서 오는가?

현대는 압력의 시대라고 할 수 있다. 곤란에 처하거나 짜증이 나면 정신적 변화를 체험하게 된다. 직장이나 사회생활에서 긴장이 발생한다. 결국, 긴장은 직무에서 따라오는데, 이것이 당신에게 피로감을 주고 일이나 사회활동을 방해하는 원인이 되는 것이다.

그렇지만 이런 긴장에서 자연스럽게 해방되기란 쉽지가 않다. 예를 들어 당신 책임도 아닌데 고객으로부터 "무슨 일을 그따위로 하는 거야."란 말을 들었다고 가정해보자.

이럴 경우 어떻게 처리해야 할까? 또한, 경영자가 약속한 보너스를 주지 않으려고 한다면? 물론 당신은 화를 낼 것이고 이때 긴장이 고조되는 것이다. 즉 화가 나서 속이 부글부글 끓으면서도 꾹 참을 것이다.

그다음은 목덜미에 땀이 흐르기 시작하면서 긴장이 더더욱 고조되고 머리나 등에 통증이 나타날 것이다.

기분이 나쁘다. 정말 화가 난다.

해야 할 일은 산더미 같은데 도무지 진척이 없다. 이것들을 처리하지 않고 남겨둔다면 업무는 점점 쌓이고 다음 날 아침엔 미칠 것이다. 그래서 그날의 업무는 미루지 말고 그날에 처리하는 것이 좋다.

69

해야 할 일을 분석하여 스케줄을 만들자

당신이 할 일을 분석해 스케줄을 만들었다면 반드시 지켜야 한다. 이때 완성되는 기한까지 설정해 놓는다. 만약 스케줄을 세웠다면 다음 세 가지 사항에 도움이 될 것이다.

1. 기대한 목표가 끝났을 때 기일까지 끝낼 수 있는지 없는지를 확인할 수 있다.
2. 당신 자신의 진보를 점검할 수 있다.
3. 잠시 다른 업무를 보더라도 자기의 원위치와 남은 시간을 알 수 있기 때문에 언제든지 필요한 조치를 강구할 수 있다.

제9장

직장인이 반드시
지켜야 할 조건

직장에서 성공하기 위해 해야 할 일들

70
사소한 방심은 사고의 원인 7가지

1. 무리한 자세나 불안정한 자세.

2. 규칙을 제대로 지키지 않을 때.

3. 물건을 쌓을 때 무거운 것에서 가벼운 것으로 시작했는지.

4. 고장 난 기구를 즉시 예비기구와 교체하거나 수리를 의뢰했는지.

5. 예비가 없어서 다른 것으로 대용하고 있지 않은지.

6. 기기나 도구류는 조작법이나 사용법에 따라 정확하게 사용하고 있는지.

7. 무너지거나 구르거나 쓰러지지 않도록 물건을 두었는지.

운동에 마음이 실려야 효과

많은 사람이 여가선용으로 여러 가지 운동에 참여하고 있다. 즉 건전한 여가는 생산적인 가정생활과 건강을 증진함으로써 고혈압을 비롯해 여러 가지 질병치료에 많은 도움을 얻을 수 있다.

그렇다고 무조건 운동을 한다고 건강증진과 질병의 치료가 되는 것은 아니다. 그래서 항상 마음이 함께 운동에 참여하여야만 가능하다. 다시 말해 운동을 하면서 동시에 스트레스를 받고 있다면 효과가 없다는 의미다. 따라서 운동하고 있는 동안 마음을 운동에 집중시키는 노력을 게을리해서는 안 된다.

72

자기관리는 건강 유지와 스트레스 해소

운동은 종류를 불문하고 하루도 쉬지 않고 계속하면 건강 유지는 물론 긴장이 쌓이지 않는다. 그렇지만 개인마다 몸의 상태가 다르기 때문에 의사와 상담하여 자신에게 알맞은 운동을 하는 것이 좋다. 이와 함께 최상의 컨디션이 유지되도록 지속적인 노력도 해야 한다.

다음엔 직무에 의한 스트레스를 없애는 해결책으로 자기관리의 테크닉이다. 즉 긴장이나 압력에서 몸을 보호하려면 일을 완전히 익혀 자유자재로 다룰 줄 알아야 한다.

자기관리가 잘되면 어떤 문제가 어떻게 문제를 일으키는지에 대한 원인을 파악할 수 있다. 그런 후 자신에게 가장 좋은 대응책을 결정하면 된다.

자리를 비울 때 지켜야 할 사항

사무실에서 자리를 비울 때 상사나 동료에게 보고할 필요가 없다고 생각한다면 잘못이다. 예를 들어 자리를 비운 상태에서 긴급한 용무가 생겼을 때 동료가 '어디 갔는지 모르겠는데…'고 대답한다면 이것은 사내에서 의사소통이 잘 이뤄지지 않다는 증거다. 이것은 당신이 한마디 연락만 하면 그것으로 끝나는데 말이다. 자리를 비울 때 다음과 같이 해야 한다.

1. 행선지, 소요시간(사외로 나간다면 귀사 시간)을 알려준다.
2. 시간이 오래 걸릴 것 같으면 사내외를 막론하고 전화로 연락해둔다.
3. 자리를 비울 때 의자는 책상 밑에, 책상 위의 서류는 정돈해 놓는다.
4. 여럿이 떠들면서 복도를 걷지 않는다. 엘리베이터 안도 마찬가지다.
5. 자리를 비우는 동안의 예정사항을 동료에게 미리 부탁한다.

74

업무를 꼼꼼하게 해야만 신용유지

열심히 일했지만 본의 아니게 실수할 때가 있다. 더구나 거쳐야 할 절차를 생략하거나 적당히 하다가 잘못을 저지를 수도 있다. 만약 선배가 '요령 있게 하면 돼.'라고 말해도 당신은 업무의 순서대로 수고를 덜지 말고 해야 한다.

예를 들면 테이블에 흘린 차를 그대로 둔 채 손님에게 차 대접을 한다면 그는 몹시 불쾌할 것이다. 또한, 여러 장 복사한 서류를 철할 때도 페이지를 반드시 확인해야 누락을 막을 수 있다.

만약 업무절차를 생략하다가 실수를 저지른다면 주위로부터 '약삭빠른 사람'으로 낙인이 찍히게 된다. 그러다가 마침내 '그는 약삭빠르게 굴어서 신용할 수 없다.'는 말까지 들을 것이다.

그리고 의문이나 미심쩍은 업무가 있다면 바로 질문해주는 것이 믿음직스러운 이미지를 심어줄 수 있다.

오늘 할 일을 내일로 미루지 마라

오늘의 업무를 잘 마무리해야만 다음날 원활하게 일을 시작할 수가 있다. 일을 쌓아두고 칼퇴근한다는 것은 무책임하다. 이에 따라 다음 항목을 체크해보기로 하자.

1. 오늘 받아야 할 서류나 도구 등은 모두 받았는가.
2. 지시받은 일을 모두 끝냈는가.
3. 다른 부서로 넘기거나 보낼 것은 전부 완료했는가.
4. 거래처로 발송할 문서나 물건 등을 완료했는가.
5. 금고나 서랍을 확실하게 잠갔는가.
6. 전원 스위치(냉난방기, 타자기, 기타의 기기)는 모두 껐는가.
7. 가스 불이나 재떨이는 확인했는가.
8. 업무일지작성은 끝났는가.
9. 풀 뚜껑이나 인주 뚜껑은 닫혀 있는가.
10. 의자를 책상 밑에 넣었는가.
11. 제복이나 배지 등은 정해진 장속에 넣어두었는가.

76
회사의 규칙은 팀워크를 살려준다

이 세상을 사는 인간은 항상 규칙에 얽매여 있다. 예를 들면 나라에는 법률, 기업에는 사규, 학교에는 교칙 등 조직이 규모가 크건 작건 간에 일종의 지켜야 할 법칙이 있는 것이다. 사람들은 이런 법칙에 대해 반감이 있으면서도 그에 따라 행동하고 있다.

조직이 조직 자체로 존속하기 위해서는 규칙을 따를 것을 요구한다. 하지만 시대가 변화함에 따라 부적합한 규칙도 있다.

이럴 경우 규칙을 수정, 보완해야만 한다.

업무에는 다양한 규칙이나 규율이 있다. 예를 들면 직장에는 취업규칙을 비롯해 출근, 최근 규정, 복장 규정, 출장규정, 비품취급규칙, 잔업규정 등이 존재하고 있다. 아마 이것들은 학생 시절에는 생각하지도 못했던 것들이다.

학생 시절은 교칙이나 규칙을 위반했다면 위반한 사람만이 벌을 받지만, 회사에서는 즉각 대외적으로 영향이 미친다. 즉 회사의 신용을 실추시키거나 회사에 대한 불신감을 조장하는 것이다.

회사는 팀워크를 중요시하는데 규칙, 규율을 위반하면 당신은 왕따를 당할 것이다. 회사의 규칙은 학교교칙이나 게임 룰 이상으로 그 반동이 무섭다는 걸 알아야 한다.

규칙, 규율은 사람을 부당히 구속하거나 결박하는 것이 아니다. 즉 팀워크 확립에 도움을 주고 육체적, 정신적으로도 안정시켜준다. 규칙, 규율을 지키는 것은 각자의 활동에서 지주가 된다. 이에 따라 당신이 지켜야 할 규칙, 규율은 다음과 같다.

1. 출근 시간을 준수한다
9시 출근이라는 것은 9시에 회사 현관, 공장 문을 통과한다는 것이 아니다. 9시에는 업무를 할 수 있는 준비자세가 되어 있어야 한다. 그래서 8시 30분부터 8시 50분 정도면 적당하다.

2. 결근, 지각, 조퇴는 사전에 허가를 구한다.

3. 점심을 제멋대로 연장하지 않는다.
예를 들어 업무로 10분 늦게 식사를 했다고 오후 업무를 10분 늦게 시작해도 좋다는 의미는 아니다.

4. 집기, 비품, 기계류는 규칙대로 조직하고 보관한다.

제10장

반드시 한 번은
좌절이 온다

성공하기 위해서는 반드시 한 번은 좌절이 온다.
그것을 딛고 일어서는 사람이 성공하는 것이다.

77

실패의 원인을 찾아 계획을 수정

어떤 일에 실패했을 때 해야 할 일은 결단이다. 우선 방법을 취할 것인가 아니면 약간의 수정 후 실행에 옮길 것인가를 결정해야 한다. 만약 계획을 수정한다면 실패를 원인 파악해서 그 원인과 약점을 보완해야 한다. 또한, 원인의 정도에 따라 계획 자체를 대폭 변경해야 할 경우도 있다. 경우에 따라서는 새 멤버로 구성할 경우도 있고 새로운 시설도 필요하다.

비즈니스의 성공을 위한 경영방침

새로운 비즈니스나 업무를 성공적으로 마무리하기 위해서는 새로운 경영방침을 결정해야 한다. 다음은 그 예를 나열했다.

1. 새로운 목표와 목적을 정하자.

2. 새로운 기술을 개발하자.

3. 새로운 계획을 세우자.

4. 새로운 계획의 결함을 찾자.

5. 새로운 업무에 사람을 배치하자.

6. 최종 스케줄을 제출하자.

7. 새로운 계획을 실행하자.

8. 계획대로 일이 진행되고 있는지를 파악하자.

9. 필요에 따라서 수정 변경을 하자.

79
실패를 되풀이하지 않는 4가지 방법

실패의 손실을 보충하고 같은 실패를 되풀이하지 않기 위해서는 4가지
항목이 필요하다.

1. 실패를 분석한다.
2. 원인을 여러 가지로 생각한다.
3. 다음 취할 조치를 생각해둔다.
4. 실패에서 뭔가 배우도록 한다.

80

실패는 성공의 어머니

실패했을 때 매우 중요한 것은 절대로 그 실패를 무시해서는 안 된다. 아무리 초조하거나 욕구불만에 빠지더라도 뭔가를 배우고 자신을 격려해 나간다면 크게 성공할 수가 있다. 따라서 실패의 원인을 자세히 살펴보고 약점과 장점을 파악하면 된다. 그래서 실패했을 때 다음의 질문에 자문자답해 보는 것도 좋다.

1. 실패의 원인을 제거했는가?
2. 실패에서 어떤 아이디어, 경험, 기술을 체득했는가?
3. 실패 때문에 다른 업무에도 재검토가 필요한 경우는 생기지 않았는가?

만약 실패의 원인을 파악하지 않고 그대로 내버려둔다면 모래성과 같다. 따라서 어떤 실패이든 어떤 사정이든 간에 실패에 대해서 한 치의 착오도 없이 검토돼야 한다. 그것이 결정된다면 그다음은 행동이다. 당신의 성공은 자신의 실패에 대해 어떻게 대처하고 무엇을 배우는가에 달려 있다.

81

깨끗하게 실패를 인정하고 원인을 찾아라

회사를 경영하다 보면 실패할 때도 있다. 그래서 성공을 위해서 경영자의 결단이 필요한 것이다. 현대처럼 경쟁이 심한 시대에서는 불안한 사람들이 오히려 의사결정에 서툴다. 그렇게 되면 크게 실패를 범하기 쉽다. 하지만 성공하는 사람은 자신의 실패를 그대로 두지 않는다. 그는 실패를 깨끗이 인정한다. 그런 후 어떠한 경우라도 실패를 보상하고 나아가 실패에서 이익을 얻는 것이다. 가장 중요한 것은 실패했다고 세상이 모두 끝났다고 생각하지 말아야 한다. 다음은 실패의 원인 3가지를 나열했다.

1. 판단이 서투르다.
2. 계획이 불안전하다.
3. 수단이 불충분하다.

실패하게 된 정확한 이유를 분석해야

실패에 대한 원인을 파악하기 전 아이디어의 단계에서 실행단계까지를 분석한다. 왜 실패했는지에 대한 원인을 알아내는 것이다.

1. 그 실패는 정말 큰 타격이었는가?

2. 어떻게 실패했는가?

3. 실패는 두 번 다시 되풀이하지 않는다고 단언할 수 있는가?

4. 그 기획을 추진하는데 계획은 정말 적절했는가?

5. 실행의 타이밍은 적절했는가?

6. 모든 사태를 예측할 수 있었는가?

7. 추진 중 점검을 게을리하지 않았는가?

8. 적절한 인재를 배치했는가?

9. 부하에게 정확한 정보를 제공했는가?

10. 부하에게 적절한 수단을 주었는가?

11. 충분한 감독이 이루어졌는가?

12. 커뮤니케이션은 만족하게 이루어졌는가?

13. 필요한 데이터를 갖추기 위해 준비한 기획은 충분히 지켜졌는가?

14. 뒷받침이 있었는가?

83

실패에도 원인이 있다

실패의 원인은 여러 가지가 있다. 정보부족, 부주의, 오해, 졸렬한 커뮤니케이션 등도 포함될 것이다. 예를 들어 평소 잘 알고 있는 3명의 기름 판매업자를 가정해보자. 먼저 한 사람은 거대한 저장고와 신형운반설비에 거액의 투자를 했지만, 이변에 부딪혀 심한 재정곤란에 빠지고 말았다.

두 번째 또 다른 업자는 고속도로위원회가 또 다른 고속도로를 만들기로 했다는 정보를 그대로 믿어 거액의 투자로 두 곳에 주유소를 만들었다. 이 경우는 새로 도로를 만드는지 충분히 확인하지 않고 무모하게 일을 벌여 생긴 부주의에 의한 실패다.

세 번째 업자는 전혀 쓸모없는 처남에게 지점을 맡겼다. 처남이 주정뱅이에 믿지 못할 사람이라는 것을 알면서도 아내의 간청에 맡겼던 것이다. 6개월도 못되어 상점에 손님의 발이 뜸해지고 종업원의 사기도 완전히 저하되었다. 설상가상으로 처남은 도박의 손실을 만회하기 위해 공금까지 손을 대고 말았다.

84
잘못은 깨끗하게 인정하자

자기가 실패했다는 사실을 인정한 시점에서 다음에 취해야 할 것은 새로운 비즈니스에 관해서 계획하는 것이다. 이 시점에서는 실패를 범한 종업원의 입장에서 생각해보는 것이 좋다. 종업원이라 해도 관리자나 감독자급의 인물이다.

어떻게 했기에 실패했는지 그 원인이 이해되면 종업원은 잘못을 인정해야 한다. 인정하지 않는 종업원은 거짓말을 늘어놓고 끝내 거기서 빠져나오지 못한다.

다시 말해 실패를 인정할 땐 할 수 없이 인정한다는 태도는 버려야 한다. 그 종업원은 실패에서 배운 많은 유리한 점을 살리면서 보고서를 제출할 때 건설적인 의견을 내놓아야 한다.

그때 종업원은 상사의 입장에서 생각하면 된다. 그렇다고 실패담을 중얼중얼 늘어놓을 필요는 없다. 특히 실패로 좌절한 모습을 보여서는 안 된다.

85
한 번 실패는 병가지상사

실패의 원인을 분석한 후 두 번 다시 같은 잘못을 범하지 않도록 머릿속에 기억해둔다. 실패의 원인 규명이 끝나면 다음 단계에 들어간다. 가능한 한 트러블을 방지하기 위해 분석한 결과를 조목별로 작성해 두는 것도 좋다.

예를 들어 주유소경영에 실패했다면, 앞으로 새로운 도로계획에 관한 정부를 확실히 입수할 수 있도록 신중을 기해야 한다. 설비투자에 실패한 사람은 차입금이나 자금유통에 조심하면 된다. 처남을 고용해서 경영난에 빠진 사람은 고용할 때 엄격한 관리를 하면 되는데, 문제는 남아 있다. 그것은 아내를 어떻게 달래느냐 하는 것이다.

일반적으로 실패의 원인은 바로 어떤 조처를 해야 하는지에 대한 방법을 가르쳐 준다. 만약 종업원과 관계가 있다면 그 종업원을 능력에 맞는 부서에 배치하면 된다. 하지만 위험신호가 나타날 때까지는 가능한 한 보류해 두는 것이 효율적이다.

제11장

성공하기 위한
업무보고방법

업무보고도 재치있게 하는 사람이 성공한다.

86

상사가 요구 전 업무보고의 필요성

업무를 지시한 상사는 항상 입 밖에 내지 않아도 항상 부하의 업무진행에 마음을 쓴다. 따라서 적극적으로 진행상황을 보고하는 사람에게는 신뢰감을 느끼지만 그렇지 않다면 불신감이나 불쾌감을 느낄 것이다. 그래서 상사와 통풍이 잘되는 관계를 만들기 위한 보고서 제출에 신경을 써야 한다. 다음은 보고서 요령을 나열했다.

1. 시간이 걸리는 업무에는 반드시 중간에 보고해야 한다. 중간보고를 빠뜨리면 상사는 경과를 알 수 없기 때문에 전체 흐름을 파악할 수가 없다. 더구나 그때의 상황에 따른 적절한 지시를 내릴 수 없게 되면서 팀플레이의 힘을 발휘할 수 없게 된다.

2. 긴급사태는 즉시 보고해야 한다. 야단맞을 것을 생각해서 보고를 늦추면 오히려 더 심하게 야단을 맞는다. 긴급할 때는 전화나 메모로 상사가 무엇을 하고 어디에 있든 즉각 전달해야 한다.

3. 빨리 알리는 사항은 보고서로 제출하도록 명령받았더라도 먼저 구두로 보고한다.

4. 언제든지 보고서 제출요구를 받더라도 항상 응할 수 있도록 준비해 둔다. 평상시에 자신의 업무체제를 빈틈없이 정리해 놓으면 바로 응할 수가 있을 것이다.

회사의 업무보고는 상사의 지휘봉

회사발전과 업무량의 증대에 발맞추어 회사 전체로나 부서 내에서도 분업화는 계속 진행된다. 즉 상호업무의 진행을 확인하거나, 경과나 변화를 서로 알리거나, 결과를 알리는 것을 보고라고 한다. 원래 업무란 보고로 시작해서 보고로 끝난다. 이것이 확실하게 실행되지 않으면 전체의 균형과 조화가 깨져 버린다.

선배나 상사는 자기 책임범위의 업무를 후배나 부하에게 나눠주고, 나름대로 자신의 업무가 있다. 상사는 당신의 보고로 지시를 내리거나 변경하기도 해 일에 균형을 유지하거나 업무상의 과부족을 바로잡거나 돌발변화에 능숙하게 처리하고 있다.

뛰어난 상사는 오케스트라 지휘자처럼 어떤 때에 무엇을 하면 좋은 리듬을 엮어낼 수 있는가를 항상 생각하면서 행동한다.

업무에서는 혼자서 자신의 음색만을 즐기고 있을 수만은 없다. 즉 상대가 있다는 것을 항상 의식해 전체의 흐름 속에서 자신의 위치를 파악하고, 이에 조화를 이루도록 배려하는 것이 직장인의 기본적인 자세다.

사람들과 사귀는 경우 반응이 빠를수록 상대방 마음에 깊은 감동을 주는 경우가 많다. 평소 작은 공이라도 날아오면 그것을 실수 없이 받아 그 자리에서 다시 던져줄 수 있는 습관이 몸에 배어 있다면 뜻있는 사람은 그 재빠른 반응에서 당신의 인품을 느끼게 되고 신뢰할 것이다.

그렇지만 만사를 자기형편대로 판단하거나 행동한다면 타이밍을 놓치는 일이 거듭되어 언젠가는 주위로부터 왕따가 된다.

다시 강조하지만, 부하의 보고가 없다면 사고나 판단, 행동을 빗나가게 하기 때문에 상사나 선배로는 책임 있게 직무를 이행하지 못한다. 그래서 그들은 보고서를 제출하라며 재촉하는 것이다.

업무보고는 요점이 명확해야

'좀 더 요령 있게 말할 수 없는가?'라는 식으로 상사가 언성을 높이는 것은 보고의 요점이 없기 때문이다. 이럴 때 필요한 업무보고요령을 열거했다.

1. 결과를 먼저, 경과는 나중에 말한다. 결과는 결론을 먼저 말하고 나중에 경과, 이유, 동기, 원인 등을 이야기하면 된다. 상사가 말이 많은 것은 결과를 벌써 짐작하고 있기 때문이다. 순서를 반대로 하기 때문에 고함치거나 머리가 나쁘다고 생각하는 것이다.

2. 세분해서 보고한다. 몇 가지 보고할 일이 있다면 요점을 먼저 알리고 나중에 보고하면 된다. 예를 들면 '부재중의 일에 대해 말씀드릴 것이 세 가지 있습니다. 하나는…. 두 번째는….'라고 식이다.

3. 얼버무리는 말은 삼간다. '대략 20% 전후쯤 되는 모양입니다.'라는 식의 보고는 엉터리다. 그렇게 되면 보고자의 조사나 분석까지 엉터리로 생각할 것이다.

4. 필요하면 자료나 본보기까지 부착해야 한다. 구두보고, 문서보고 어느 것이고 그것만으로 상대가 이해하지 못한다고 생각하면 보고서에 뒷받침할 자료를 첨부하면 된다.

89

업무보고 때의 바른 자세

출장보고나 연구발표를 할 때가 있다. 이때 참고로 알아둬야 할 것은 책상을 앞에 서야 할 때는 남자라면 주먹 둘, 여성이라면 주먹 하나 정도의 간격으로 발뒤꿈치를 꽉 딛고 무릎을 맞대고 똑바로 서야 한다.

　허리와 어깨를 쭉 펴고 양쪽 팔은 힘을 주지 말고 가만히 내려트린다. 만약 책상에 손을 올려놓을 경우라면 양손의 집게손가락, 가운뎃손가락, 약손가락의 끝이 책상에 가볍게 놓일 정도이며, 제일 멀리 앉아 있는 사람에게 시선을 두고 자연스레 좌우로 살펴 가면 된다

있는 그대로의 보고가 중요

보고서는 소설이나 시나리오가 아니기 때문에 형식을 갖추거나 각색을 하기 전에 사실을 먼저 알려야만 한다. 사실과 다른 정보는 상사가 그것에 입각해서 내릴 지시나 판단이 흐려지기 때문이다.

1. 단정하지 않는다. 예를 들면 '절대' '틀림없이'라는 말을 쓰려면 그 근거를 데이터나 사실로 제시하라.
2. 누락시키지 않는다. 사정이 나쁜 일은 일부러 보고하지 않는 사람이 있는데 이것은 큰 실수를 범하는 것이다.
3. 왜곡하지 않는다. 예를 들어 상사가 직접 나서지 않고 부하에게 대신 전화를 받게 한 후 '상대방이 무슨 말을 하던가?' 라고 물었을 때 사실 그대로 보고해야 한다. 즉 상대편이 전화로 비꼬는 소리나 푸념을 할 때, 상사를 배려해 '별다른 말씀 하지 않으셨습니다.'라는 대답은 곤란하다.
4. 의사를 개진하고 싶을 때는 자기의 주관임을 분명히 알린다. 사실만을 얘기하는 것이 좋다고 하더라도 보고를 받은 상사가 '그래서 자네의 생각은 어떤가?' 라든가 '자네는 어떻게 생각하나?' 하고 물을 때 분명한 자신의 견해를 제시해야 한다.
5. 알리기 어려운 마이너스 정보일수록 빨리 보고해야 한다. 상사가 가장 필요로 하는 정보는 좋은 정보보다는 좋지 않은 정보다. 그 이유는

손을 빨리 쓴다면 사태의 악화를 미리 막을 수 있기 때문이다.

6. 모르는 것은 '모른다.'고 분명하게 말한다. 아는 체하여 앞뒤를 맞추려 하지 말고 솔직하게 말해야 한다.

7. 실수를 발견하면 처리하기 전에 즉시 보고해야 한다. 야단맞는 것이 두려워 동료의 도움을 받아 실수를 회복하려다가 도리어 일이 복잡하게 꼬이는 경우가 많다. 또한, 스스로 처리한 후 꾸지람을 듣는 것이 조금 약해지리라는 생각은 버려야 한다.

제12장

직장에서 성공하려면
능력을 길러라

능력 있는 사람이 성공한다.

91

성공하려면 능력을 길러라

비즈니스 사회는 항상 실력에 대한 인식과 존경에 의해서 성립한다. 재능이란 말은 자신만이 가진 슈퍼 테크닉(super technic), 즉 특기나 전문지식을 가리킨다.

비즈니스맨은 누구에게나 자신의 특정한 분야가 주어져 있다. 회계이든, 편집이든, 영업이든, 컴퓨터든, 무언가의 전문적인 자리가 부여되어 있는 것이다.

그러나 여기서 말하는 재능이란, 그렇게 통상적으로 부여된 것을 말하는 것이 아니다. 영업부원이 영업에 대해서 지식을 가진 것은 지극히 당연하다. 재능이란 일반적인 수준을 초월한 기술과 지식이 아니면 안 된다. 진정한 의미의 탤런트인가 아닌가가, 특기를 갖고 있는가 아닌가의 판정기준이 된다.

H는 광고대리점에 근무하고 있었다. 고등학교를 졸업했을 뿐, 이렇다 할 학력도 특징도 없는 사나이였다. 어느 날 회사가 컴퓨터를 도입하게 되어 관리직 회의가 열렸다. 지금은 컴퓨터가 일반화되어 있지만, 당시로써는 대부분이 친숙하지 못한 분야였다. 메이커 측으로부터 회의에 나와 자세한 설명을 했지만, 대부분이 무슨 말을 하는지 알아들을 수가 없었다. 말하자면 컴퓨터에 관한 한 엉터리들이었다.

그때 H에게 의견을 물었다. 이공계 출신의 기사도 따라올 수 없을 만큼 훌륭한 발언이 차근차근 흘러나왔고, 그것은 좌중을 압도하기에 충분했다. H가 컴퓨터 실장으로 발탁되었던 것은 당연한 순리였다. H는 영업 사원 시절에 은밀히 미래를 예측하고 컴퓨터를 공부해 두었던 것이다.

재능이라고 하는 것은 바로 이런 것을 가리킨다. 숨은 실력이 있다는 평가야말로 많은 사람의 존경과 신뢰를 낳게 하고, 사귐의 범위를 확산시켜 주는 것이다.

92

독특한 어투는 성공의 지름길

제스처는 의사전달에 큰 몫을 담당한다. 제스처는 언어를 대신한 상징의 역할을 하고, 언어로 부족한 표현을 보충해주기도 한다. 제스처를 쓰는 방법이나 습관은 나라마다 약간씩 다르다.

커뮤니케이션에는 화술과 마찬가지로 억양이 상당한 힘을 발휘한다.

연설문을 읽거나 강의를 하는 식의 대화보다는, 곳곳에 적당한 강세를 주어가며 말하는 것이 더 찰기가 있다. 즉, 정감을 넣고 얘기해야 사람을 더 쉽게 움직일 수 있다.

또 활기 있는 대화를 이끌어가기 위해서는 수식어(형용사나 감탄사 같은 것)가 필요한 것은 당연하다. 그러나 실제로 사람들의 대화를 들어보면 무뚝뚝하고 사무적인 경우가 많다. 수식어도 극히 제한된 것밖에 사용하지 않는 것을 볼 수 있다.

일반적으로 상당히, 악착같이, 단연코, 절대로, 전부, 반드시 등의 조사와 역시, 과연 하는 등의 맞장구치는 말 정도이다. 이러한 용어들을 어떠한 느낌만으로 사용하기보다는, 좀 더 의식적으로 빈번히 사용함으로써 대화의 효과를 극대화해야 한다.

'모두 그렇게 말하고 있다.'는 말은, 사실은 거의 의미가 없다. 왜냐하면, 모두 그렇다는 것을 실제로 확인한 것이 아니기 때문이다. 단지 내용을 강조하거나 의미를 강화하는 정도의 역할을 하는 데 불과하다.

회화는 항상 자신의 의견이 개입해 성립되는 것이 일반적이다. 주어진 정보만 가지고서는 회화가 될 수 없기 때문이다. 상대방이 어떤 얘기를 했을 때 "역시" 하며 맞장구치는 경우가 많다. 독특한 발상이라고 하더라도, 이 한마디가 모든 것을 부정해 버린다. '역시'란 '평균적인' '다른 사람이 말하는 대로'라는 뜻이다. 그러므로 '역시'로 시작한 말에는 독립된 인격의, 독자적 의견이 있을 수 없다. 자신의 의견을, 더구나 극단적인 형용사를 붙여서라도 강조하고 싶은 사람은 절대로 '역시'라는 말을 사용하지 않는다.

친구들이 듣고 싶은 것은 세상의 평균화된 논리나 주장이 아니라 당신의 독특한 의견이다. 항상 마음속으로 '일반적인 사고는 버리자.'고 다짐하라. 당신만의 독특한 발상은 바로 여기서부터 생겨나는 것이다.

93

독서는 출세의 지름길

"책을 읽어라. 그래야 사람을 다스릴 수 있다."는 말도 있듯, 독서의 중요함은 아무리 강조해도 지나침이 없다. 시대를 앞서 가는 능력도, 사물을 판별하는 지혜도, 모두 선인들이 물려준 지혜의 덕분이고, 그 지혜를 섭취하고 두뇌를 계발하기 위해서는 책을 읽는 것을 습관화하는 길밖에 없다. 출판문화가 발달하고 정보화 시대인 요즈음은 어디에나 충분히 읽고 남을 만큼의 책들이 있다.

유럽 사람들은 의외로 책을 사 모으는 습관이 없다. 그 대신 목표를 정하면, 매일같이 도서관에 다니며 탐구를 한다. 인구 7, 8천 명 정도의 조그마한 도시에도 반드시 도서관이 있다. 그들에게는 교회와 도서관은 생활에서 뺄 수 없는 공공시설인 것이다.

비즈니스맨은 소위 다른 사람을 무찌를 수 있는 유형의 무기를 갖지 않는다. 맨손으로 엄청난 인생의 싸움터에 뛰어들어갈 뿐이다. 그리고 생활을 어깨에 짊어지고 교제다, 취미다, 스포츠다, 해서 용돈을 책 사는 데 쪼갤 만한 여유가 적은 것도 사실이다. 그렇다고 해서 싸움터에 무기 없이 나갈 수도 없다.

비즈니스맨에게 지식을 넓혀주는 독서야말로 유일하고 강력한 아군을 만드는 수단이다. 언제나 사람을 리드하고 사귐의 범위를 넓히지 않으면 안 되는 비즈니스맨에게, 자기 충전은 오직 독서를 통해서만 이루어질 수 있다.

흔히 바빠서 책을 읽을 시간이 없다고 얘기하는 사람이 있다. 그러나 솔직히 말하면, 시간이 없는 게 아니라 의욕과 기력이 없는 것이다. 마음만 있으면 얼마든지 책을 읽을 시간을 낼 수 있고, 책을 살 돈이 없으면 도서관이라도 찾으면 되는 것이다.

94

토막 난 시간이 성공의 징검다리

'Holes in the day'라는 영문 표현이 있다. 이는 '시간의 구멍'이라는 뜻으로 토막토막 이어진 틈새 시간을 의미하는 말이다.

하루 24시간을 수면에서부터 출근, 업무시간, 점심시간, 오후 근무시간, 퇴근 시간 등으로 크게 구분 지었을 때 그 시간과 시간 사이에는 반드시 10~20분가량의 토막 난 시간이 존재한다. 이것이 시간의 구멍이 된다.

스케줄 중간의 토막 시간을 계산해보면 하루 평균 1시간 정도의 시간을 만들어낼 수가 있다. 개인의 차이에 따라서 많게는 2시간에 해당하는 토막시간이 생긴다. 최소한으로 계산하여 하루에 모두 60분의 토막 시간이 있다고 해도 이것이 1년이면 365시간의 구멍이 생기게 된다. 이것은 15.2일에 해당한다.

결국, 하루 동안의 토막시간을 잘만 이용해도 1년에 15일간의 효과 시간이 생기는 것이다. 거기에 토요일과 일요일, 주말을 제외하면 약 1개월가량의 시간이 덤으로 생겨나는 것이다.

시간을 효과적으로 사용하는 사람은 1년을 13개월로 사용하는 사람이다.

간단한 예로 독서를 좋아한다고 하자. 젊은 시절에는 밤새워 책 읽기를 게을리하지 않았지만, 직장 생활을 하면서부터는 책 한 줄 읽느니 잠을 10분이라도 더 자는 게 낫다는 판단을 하게 된다. '건강하고 능률적인 직장 생활을 위해서 잠을 자야 한다.'는 이유를 붙여 오랜 시간을 잠에 투자한다.

'망중한'이라는 말이 있다. 충분한 시간이 허락되는 주말이나 휴일에는 오히려 책을 읽을 수 없는 경험이 누구에게나 있을 것이다. 오히려 바쁜 시간을 내어 책을 읽는 쪽이 집중도 잘되고 독서량도 늘어난다.

시간은 주어진 시간보다 만든 시간이 더 가치가 있고 효과적이다. 바쁘고 힘든 직장생활이지만 자신의 집중력을 최대한 발휘해보자. 약간의 토막시간들을 독서나 운동, 정보나 자료의 정리 등으로 활용하는 재치는 큰 노력을 들이지 않고도 남보다 앞서 갈 수 있는 방법이다.

95

가방을 가지고 다니는 습관을 길러라

샐러리맨에게는 항상 따라다니는 것이 가방이다. 학생 시절까지는 매일 가방을 들고 학교에 다녔으므로, 가방이 샐러리맨만의 전유물은 아닐지 모르나 학생과 월급쟁이의 가방의 알맹이는 전혀 다르다.

학생은 그날의 시간에 알맞게 책이나 노트를 챙겨 가면 되지만, 샐러리맨의 가방은 자기에게 필요한 것이 들어 있다는 점이다.

그런데 잘 살펴보면 1년 내내 같은 것이 들어 있다. 서류가 약간 달라질 뿐 나머지는 정해진 것이 정해진 자리에 챙겨져 있다.

게다가 가방을 갖고 다니지 않는 사람도 있다. 맨손으로 출근하고 있다 필요한 손수건, 휴지, 정기 승차권 정도이므로 양복 주머니로도 넉넉하다. 책도 읽지 않으며, 그냥 맨손으로 산 스포츠 신문을 훑어본 후, 차 안이나 휴지통에 버리게 되므로 마음이 편한 것이다.

만약 당신이 책 한 권이라도 들고 출근하고 있으면 좋지만, 맨손으로 출퇴근하고 있다면 좋은 현상이 아니다.

가방에 도대체 무엇을 넣어서 다녀야 하는지 생각해보기로 하자.

1) 책, 안경집

우선 책이 있다. 출근길에는 멋진 패션 안경을 끼는 것도 기분 전환에 좋을 때도 있다. 그렇다면 그 케이스도 넣어 둘 필요가 있다. 아무리 멋있는 안경이라도 쓰지 않을 때, 옷 주머니에 꽂고 다니는 것은 샐러리맨답지가 않다.

2) 수첩, 지갑

수첩도 가방에 넣어 두는 것이 좋다. 수첩을 안주머니에 넣어두면 웃옷이 부풀어 올라와 볼품이 없다. 수첩은 가방에 넣고 돈도 주머니에는 많아야 천 원짜리 두서너 장 넣을 정도로 하며, 1만 원이나 5천 원짜리는 지갑에 넣어 가방 속에 챙겨두고 안주머니에 미리 넣어 두는 편이 산뜻하다.

3) 손수건, 볼펜

예비 손수건이 필요하다. 바쁘게 출근하다 보면 자칫 잊고 나오기 쉬우므로 만일에 대비하여 손수건 한 장은 넣어 둔다. 같은 의미에서 볼펜이나 연필 한 자루도 필요하다. 만약에 거래처에 가서 메모하려 할 때에 필기구가 없어 빌리기라도 한다면 샐러리맨으로서는 낙제다.

4) 노트, 메모장

작은 노트라든가 메모장도 필요하다. 거리를 걷고 있을 때, 우연히 떠오르는 아이디어나 쓸모 있는 정보를 즉시 적어 놓기 위해서다.

예컨대, 물품을 운반해야 하는데 공사 때문에 도로가 통제된다는 공고가 났다거나 어디에서 영업에 도움이 될 만한 행사가 있다거나 할 때 그 즉시 적어두어 일을 조정하거나 참고하면 좋을 것이다.

메모가 일기와 다른 점은 일상생활이 들어가 있지 않다는 점인데, 가장 유념해야 할 것은, 한 줄이라도 좋으니 그때그때의 인상을 덧붙여두라는 점이다.

메모는 스케줄이나 하루의 단순한 행동 이외에, 그날의 행동이 미래에 대한 출발이 된다는 의미에서, 자신의 느낌도 함께 기록해두는 것이 중요하다. 그때그때의 강렬한 인상을 간추리고, 더불어 알았던 상대방의 학력, 나이, 직업, 지위 등에 대해서도 적어두는 것이 중요하다.

말하기보다는 듣기를 잘해야 성공한다

말하기보다 듣기가 어렵다는 것은 먼 옛날부터 있어온 말인데, 시대의 흐름에 따라서 그 어려움은 더욱 심화하고 있다. 그만큼 생존경쟁이 격렬해져 조금이라도 자기를 내세우고 상대방을 굴복시키지 않으면 살아남을 수 없다는 의식이 강해졌기 때문일 것이다.

이야기하는 사람이 있다면 듣는 사람이 존재하게 마련이다. 그렇지 않으면 균형이 이루어지지 않는다. 현대인은 쉬지 않고 지껄여대고 있으며, 그 지껄임을 잠시라도 멈추는 것은 공포감을 가져다준다고 느끼고 있는 것처럼도 보인다.

화술의 대가라고 일컬어지는 사람은 있어도, 듣기의 대가라 불리는 사람은 없다. 그러나 친밀하고 유익한 교우관계에는 반드시 잘 듣는 사람이 있게 마련이다.

대화는 얼핏 보면 얘기하는 사람에 의해서 리드 되고 있는 듯이 보이지만, 사실은 화자가 얘기하고자 하는 것을 짐작하고 맞장구를 쳐줌으로써 화자를 격려하고, 말이 잘 이어질 수 있도록 실마리를 찾아주는 성실한 듣는 이가 있기 때문에 진전되는 것이다.

현명한 듣는 이란 상대방이 말하는 것을 열심히 듣고 전신으로 반응하는 사람을 말한다. 이러한 사람이 있는 곳에서는 대화도 순조롭게 발전한다. 그리고 많지 않은 맞장구 속에서 문제의 핵심에 딱 들어맞는 한마디는 대화에 커다란 활력을 준다. 백 마디의 장광설보다 집약된 한마디가 훨씬 힘이 있고, 깊은 이해를 수반한다는 사실을, 말하고 있는 당사자는 알지 못한다. 그러나 열심히 화자의 말에 귀를 기울이고, 눈과 얼굴의 표정에 이해를 나타내는 사람에게 화자는 더욱 열심히 이야기하는 것이다.

교제하면서 언제라도 사람들이 당신에게 말을 걸게 하기 위해서는 무엇보다 듣기를 잘하는 사람이 되어야 한다.

제13장

업무의 긴장을
해결하는 기법

긴장을 해소하는 자기 관리 프로그램을 활용하라.

98

사무실을 환기해라

숨이 가쁘고 답답한 방에서 일하는 것은 피하는 것이 좋다. 환기가 나쁘면 같은 일을 하는 데도 여분의 에너지를 더 소비해야만 신선한 장소에서 일하는 것과 같은 효과를 얻을 수 있다. 충분히 능률을 올리기 위해서는 뇌세포에 신선한 공기를 넉넉히 보내 주어야 한다.

그리고 방 온도는 10~21℃이면 그다지 피로하지 않고 기분 좋게 일할 수 있는 온도이다. 이것보다 높거나 낮아도 능률이 100% 발휘되려면 여분의 에너지가 필요하다. 32℃를 넘으면 19~21℃인 경우에 비해서 50%나 더 많은 에너지가 필요하다는 것이 실험으로 증명되어 있다.

휴식시간은 육체노동자에게나 정신노동자에게나 매우 중요하다. 다만 편안하게 쉬는 방법이 다를 뿐이다. 육체노동자는 완전히 몸을 쉬게 하는 것이 좋고 정신노동자는 완전히 머리를 쉬게 하는 것보다 적당히 뇌가 자극받을 수 있도록 활동하는 것이 좋다.

집념 대신 집중력을 길러라

현대인들은 조금의 여유도 용납될 수 없을 만큼 바쁘다. 생활이 바쁘다 보니 정서적으로 안정을 할 수 없게 되고 잠도 제대로 이루지 못하는 경우도 많다. 때로는 24시간 쉴 사이 없이 허덕이며 생활에 쫓기다 보면 이웃을 생각할 겨를도 없이 지나치는 경우가 허다하다.

이 모든 어려움은 마음속에 무엇인가 너무 큰 부담을 안고 하루하루를 살아가고 있다는 데 기인한다.

어느 문학인은 인간의 마음을 호수와 같다고 했다. 호수가 잔잔할 때는 물이 맑고 깨끗해서 쉽게 밑바닥까지 들여다볼 수 있지만, 호수에 물결이 일면 물속이 잘 보이지 않기 때문에 때로는 바닥에 있는 작은 돌멩이도 큰 고기로 잘못 보일 수가 있다. 마음도 마찬가지다. 마음이 조용하고 안정되어 있을 때는 우리 자신을 하나하나 자세히 볼 수 있지만, 마음과 감정이 온통 스트레스로 쌓여 있을 때에는 생활에 대한 방향감각을 잃게 된다. 스트레스에 시달리는 동안에는 흔히 볼 수 있는 작은 사건도 큰 문제인 것 같이 여겨지고 모든 것이 어려울 뿐이며 하나도 기분 좋게 풀리는 것이 없다.

잡념을 없애고 항상 마음을 평화롭고 조용한 호수처럼 단련하는 훈련이 필요할지도 모른다. 이른 새벽에 혼자 일어나 조용히 앉아서 어제까지 있었던 모든 일과 오늘 있었던 일들을 전혀 떠올리지 않은 채 마음을 온통 무아의 경지로 빠져들게 해 보자.

100

긴장을 해소하는 자기 관리 프로그램을 활용하라

긴장을 극복하는 방법은 첫째가 운동이다. 이것의 효과는 매우 큼에도 불구하고 잊히고 결국 운동에 관한 관심도 사라진다. 운동하더라도 소용이 없는 사람에게는 자기 관리의 프로그램이 있으므로 이를 활용하여 해결하면 된다. 그런데 긴장이 발생하기 쉬운 곳은 어디일까. 불쾌감은 목과 어깨를 중심으로 쌓이고 등을 따라서 아래로 내려간다고 한다. 따라서 이 부분에 중점을 두고 운동을 해주면 쌓인 긴장은 풀릴 것이다. 이에 따라 앉아서 일하는 사람을 위한 간단한 운동법을 소개한다.

(1) 의자에 앉을 때마다 팔을 힘껏 펴서 크게 심호흡한다.

(2) 10~20분마다 똑바로 의자에 앉아 어깨를 좌우로 돌린다.

(3) 30분마다 의자 등에 기대어 충분히 몸을 뒤로 젖힌다.

(4) 전화를 손 가까이 놓지 말고 좀 떨어진 곳에 놓아둔다.

전화가 올 때마다 손을 펴야 하므로 팔운동이 된다.

(5) 일어서기 전에 앞으로 구부리고 발끝을 잡도록 한다.

여유 있게 신선한 공기를 마셔라

조용한 시골 길이나 공원이나 해변을 걸어라. 맑은 공기를 호흡할 수 있는 것은 물론 삶을 위한 경쟁이 계속되는 전쟁터에서 잠시라도 떨어져 있기 때문에 아늑함과 편안함을 느낄 수 있다. 그래서 정신적인 스트레스를 잠시라도 잊을 수 있게 된다.

우리 조상은 오늘날과 같은 문명 생활을 영위하지는 못했지만 자연 속에서 자연의 일원으로 자연에 순응하면서 다른 구성원들과 함께 조화를 이루어 가며 살았다. 그래서 스트레스와 같은 각종 현대병이라고 일컫는 고질적인 병들을 모르고 살았다. 그러나 현대인들은 콘크리트로 둘러싸인 조그마한 방에서 모든 것이 제한된 조건 아래 살아가고 있다. 이러한 제한된 생활에서 벗어나 옛날 우리 조상이 살아온 대로 자연으로 돌아가는 기회를 자주 가짐으로써 자연에 순응하고 자신의 정신과 건강을 자연스럽게 유지해 가도록 노력할 때 스트레스는 스스로 줄어들고 사라질 것이다.

102

책상 체조로 건강을 유지하라

하루 1시간이라도 운동 시간이 있으면 좋겠지만 아마 대부분 그런 여유가 없을 것이다. 만약 있다고 해도 운동을 하는 사람은 극히 소수이다. 주위에 아무도 없다고 하자. 그럴 때 두서너 번 빨리 엎드려 팔굽혀펴기하자. 그다음 몸을 구부리고 발을 잡는 운동을 5~10회 반복한다. 이것만으로도 온종일 몸에 쌓인 피로가 풀릴 것이다. 그러나 실제로는 상사나 동료 또는 부하들의 눈에 게으름을 피우는 것으로 비칠까 봐 도저히 그럴 수 없는 예도 있을 것이다. 이 두 가지 운동조차 불가능한 사람에게는 "책상 체조"란 것을 제안하고 싶다. 바로 "의자에 앉아 팔굽히기 운동"이다. 이 간단한 운동은 긴장 해소의 빠른 효과를 보여준다. 앉은 채 의자의 팔걸이를 잡는다. 그대로 팔을 펴서 몸을 들어 올린다. 내리고 다시 들어 올리는 운동을 5~10회 되풀이한다. 하루에 틈나는 대로 몇 번씩 하는 것이 좋다.

또 하나는 '책상 엎드려 팔굽혀펴기'이다. 책상 끝에 양손을 대고 몸을 떠받친다. 팔을 쭉 펴서 일단 선 자세를 취한다. 다시 책상에 엎드린다. 팔을 펴고 선다. 이 동작을 열 번 한다. 이 운동의 장점은 그다지 에너지를 쓰지 않고도 몸의 상태를 좋게 할 수 있다는 점이다. 마루 위에서 본격적인 엎드려 팔굽혀펴기하는 것보다 작은 공간에서도 가능하며 긴장이 순식간에 해소되는 적당한 운동이다. 의자에 푹 앉아 있는 것은 금물이다. 등뼈에 필요 없는 무게가 살리기 때문이다. 또 편안하게 호흡할 자세를 취하도록 권한다.

기우가 되지 마라

많은 사람은 때로 너무 과거에 집착한 나머지 현재를 즐기지 못하고 있다. 어떤 사람이 과거에 자신을 배신했던 행위, 자신이 정당하게 대우받지 못했던 기억, 또는 실수로 잃어버렸던 물건 등을 잊지 못하고 계속 생각하고 있는 동안에는 마음속에 항상 불안과 분노가 남아 있기 마련이다. 이러한 불안과 분노 그리고 후회가 계속 남아 있을 때 스트레스는 계속해서 축적된다.

불안스러웠던 과거 또는 분노와 후회에 싸인 과거를 현재로부터 단호히 단절하고 과거의 모든 것을 망각할 수 있는 용기와 지혜가 무엇보다도 중요하다. 이제 모든 것은 끝난 일이며 결코 다시 과거로 돌아갈 수 없다는 생각과 함께 과거의 나 자신과 다른 모든 것들을 용서할 수 있는 강한 인내, 아울러 현재에 충실하고 현실에 집착하려는 노력이 필요하다. 미래만이 믿을 수 있고 성취할 수 있는 모든 것임을 다시 생각하자.

직장에서 리더십을
발휘하는 방법

결단력, 지도력, 관리능력을 갖춘 리더가 되어라.

104

능력 있는 리더십을 발휘하라

리더는 모든 부분에서 균형 잡힌 인격을 갖추고 있어야 한다. 균형 잡힌 인격을 갖추는 것이 불가능하게 생각될지 모르지만 리더가 되려면 계속된 훈련과 노력을 통해 자신의 약점을 바꿀 수 있어야 한다.

리더 대부분은 능력과 자질은 뛰어나지만, 균형 잡힌 인격을 갖춘 경우는 매우 드물다. 사상적인 면이 탁월하면 행동력이 약하고, 행동력이 강하면 사고력이 약한 리더들을 많이 발견할 수 있다.

이런 리더들은 다음에서 제시하는 훈련을 통해 인격을 골고루 갖춘 사람으로 변신해야 한다.

첫째, 올바른 정신에 올바른 생각이 생기기 마련이므로 올바로 생각하는 훈련을 길러야 한다. 이 훈련을 계속하면 겉으로 드러나는 것과 표출되지 않은 것도 알아볼 수 있는 능력이 생기게 된다. 나무도 보고 숲도 볼 수 있는 시간적인 여유를 항상 가지고 있어 깊은 사색을 통해 통찰력을 기른다. 생각하는 습관은 모든 일을 유리한 쪽으로 돌릴 가능성을 향상할 것이다.

둘째, 모든 일에 성실해지려는 마음가짐을 가져라. 그러기 위해서 약속을 잘 지켜야 한다. 약속은 그 사람의 성실성 여부를 판가름하는 척도가 되므로 지키지 못할 약속은 아예 하지 않으며, 한 번 한 약속은 자기에게 손해가 되어도 지켜야 한다. 리더는 자기의 의견을 자주 바꾸거나 취소해서는 안 된다. 약속을 잘 지킴으로써 그 사람의 인격은 한 단계 앞으로 나아가는 것이다. 약속을 잘 지키기 위해서 모든 일을 신중하게 결정해라.

셋째, 수준 높은 교양을 지녀야 한다. 견문이 넓어야 하고 관심을 두고 있는 분야가 많아야 한다. 모든 것을 골고루 다 잘하기란 불가능하겠지만, 자신의 전공이나 관심 분야 외에도 상당한 식견을 갖출 필요가 있다. 이런 수준 높은 교양을 지닐 때 옹졸하지도 편파적이지도 않은 리더가 될 수 있다.

넷째, 자신을 잘 통제할 수 있는 능력을 지녀야 한다. 자신의 통제력을 시험해 볼 수 있는 경우는 기분이 상할 때 모든 일이 제대로 안 될 때, 그리고 부하가 실수를 저질렀을 때 등이다. 이때는 자신의 약점이 가장 잘 노출되기 쉬운 때이다. 인격자라 함은 자신을 잘 통제할 수 있는 사람을 말한다. 훈련에 또 훈련을 거듭해도 이루기 어려운 것이 자기 통제의 능력이다.

105

결단력, 지도력, 관리능력을 갖춘 리더가 되어라

자세한 업무는 각 부서의 사람들이 담당하는 것이므로 리더는 스스로 처리하는 능력보다 부하에게 일을 분담하는 능력이 뛰어나야 한다.

그런데 일을 잘하는 사람일수록 다른 사람에게 맡길 경우 제대로 일을 완수하지 못하는 경우가 종종 있다. 프로야구 선수 시절에 스타로 이름을 날렸던 사람이 감독하면서 후진 양성이 뜻대로 되지 않자 차라리 보고 있는 것보다는 자신이 직접 경기장에 나서서 던지고 때리고 싶어 하는 경우가 있다. 이것은 일반 사원으로서는 유능할지 모르지만, 간부나 리더로서는 아직 초보라는 말을 이해하기 위한 좋은 예다.

'그런 것도 제대로 못 하고 뭘 하고 있나?'라고 잔소리하는 상사, 마침내는 '내가 하는 편이 빠르겠다.'라면서 일을 빼앗아 직접 하는 상사는 나중에라도 부하에게 안심하고 일을 맡길 수 없다. 이렇게 옆에서 볼 때 일의 진척이 느리고 서투르다고 해서 일을 맡기지 않으면 부하의 능력은 새로운 일을 맛보지 못한 채 언제나 그 자리에 머물고 만다. 이런 사람이 인재를 제대로 기를 수 없다는 것은 두말할 필요도 없다. 곧 리더의 지도력과 관리 능력은 부하를 어떻게 다루느냐에 따라 결정된다고 할 수 있다.

이처럼 사소한 일로 일일이 부하를 꾸짖거나 부하의 일을 리더가 가로채면 부하들의 창의성이나 자발적인 업무수행은 자취를 감추고 만다.

당장 눈앞에서 벌어지고 있는 일에만 몰두하다 보면 주어진 권한에 비해서 사장은 말단 사원의 몫밖에 할 수 없다. 본래 자신이 처리해야 할 대국적인 문제나 장기적인 과제를 소홀히 하고 사소한 일에 매달리는 경우도 있다. 결국 부하에게 권한을 위임할 줄 하는 사람이야말로 진정한 리더라고 할 수 있다.

106

우수한 리더는 마음의 여유가 있는 사람이다

리더는 일선에 직접 나서 일을 처리하는 사람이 아니라 다만 최종적인 책임자이므로 마음 편한 태도로 느긋한 자세를 취하고 있어야 한다. 리더는 구체적인 작업보다는 관리, 관리보다는 전략에 더 신경을 써야 한다. 부하에게 바쁜 듯이 보여서는 안 되고 리더가 일에 쫓기고 있는 듯한 모습을 보여서도 안 된다. 부하가 침착하게 일을 하고 위로 올려야 할 보고나 제안에 적극적이게 하려면 리더는 늘 여유 있는 모습을 보여 주어야 한다.

리더가 안정된 태도로 여유를 보이고 있으면 부하는 안심하고 자신의 능력을 최대한 발휘할 수 있다. 리더의 여유가 부하의 여유를 가져다주는 것이다. 이런 조직은 갑자기 무슨 일이 터져도 조직적으로 처신하기 때문에 훌륭하게 견디어 낸다.

107

최고의 용병술을 보여주는 리더가 되어라

어느 기업의 경영자는 사장실 문을 열어놓고 일을 하거나 현장에 자주 얼굴을 내비치곤 하여 사람들은 그에게 '사원을 관찰하기 위해서입니까?'라고 물었다. 그러자 그는 '아니야. 그 반대네. 사원에게 내 모습을 보이고 있는 것이다.'라고 대답했다고 한다.

이것은 부하들의 자발적인 참여와 태도를 이끈 최고의 용병술이다.

108

의사소통이 원활한 리더가 되어라

의사소통은 지도력을 위해서는 필수적인 요건이다. 따라서 대부분의 조직에서 가장 자유롭게 의사소통을 할 수 있는 사람이 리더가 되는 경향이 있다. 회의에서 리더역할을 충실히 하기 위해서는 다음 3가지 조건을 충족시켜야만 한다.

(1) 대화 방향의 설정

방향 설정은 적절한 시점에 대화의 내용을 정리하는 데 필요하다. 예를 들면 '이런 말이군요.' '지금까지의 의견을 정리해 봅시다.' '그러면 이런 식으로 하면 어떻겠습니까?' 처럼 매듭을 짓는 발언을 한다. 달변, 다변으로 회의를 리드하는 것이 아니고 전체적인 의견이나 방향을 잘 파악하고 조정 역할을 맡음으로써 대화의 방향을 조절해야 한다.

(2) 아이디어로 회의에 주도권을 잡아라

다른 사람들이 내지 못한 차별화된 아이디어를 낸다. 대화는 주제, 즉 주어진 아이디어를 중심으로 진행되므로 아이디어를 제공한 사람이 회의의 주도권을 잡기 쉽다. 말솜씨가 아니라 일의 실력이 진실을 이야기해 준다.

(3) 호감을 주는 이미지가 필요하다

달변가라고 리더는 아니다. 결국, 주제나 생각을 제시하는 것이 아니라 회의의 결과를 체크함으로써 회의 전체를 이끌어가는 역할을 하는 발언을 할 때 리더로서 인정받을 수 있다. 또 목소리는 크고, 저음이고, 잘 울리는 사람일수록 외향적인 성격의 소유자일 가능성이 높고, 리더십이 뛰어나고 설득력도 높다고 한다. 특히 저음은 고음에 비해 세련되어 있기 때문에 매력적이다. 섹시하고 남성적이다. 안정감이 있다. 적극적이라는 인상을 보다 강하게 준다고 한다. 확실히 잘 울리는 바리톤 목소리를 가진 사람일수록 듣는 쪽은 강한 설득력을 느끼게 된다. 물론 위의 내용이 확실하게 증명된 것은 아니다. 단지 리더로서 사람의 마음을 장악하기 위한 극히 부분적인 속성에 지나지 않는다. 상대를 설득하기 위해 중요한 것은 어떤 내용으로 채워져 있는가. 말하는 사람은 대화에 열과 성의를 다하고 있는가 하는 것이다.

109
철저한 리더가 되어라

부하 중에 시간을 잘 지키지 않거나, 낭비가 많거나, 공상을 자주 하거나, 남의 일에 참견하는 사람들이 많으면 그 부서의 업무 효율성은 막대한 지장을 초래한다. 사원 한 사람이 하루 1시간을 낭비하면 1년에 250일 근무한다고 가정했을 때 1년 가운데 1개월 반을 쉰 결과가 되며 목표달성은 2개월 이상 늦어진다. 리더는 현실적으로 시간 계획을 세워야 하며, 계획표를 세밀하게 짜서 가급적 낭비하는 시간이 없도록 해야 한다. 부하들은 각자 성격도 다르고, 일의 추진력도 다르고, 시간 관리력도 물론 다르다. 어떤 부하를 대하든지 리더는 업무지도와 함께 시간 관리 지도까지 해야만 한다.

(1) 부하의 사기를 북돋아 준다

어떻게 해야 늘 부하가 신바람이 나서 일을 할 수 있는지 리더가 계속 관심을 둬야 할 사항이다. 지금보다 더 좋은 방법은 얼마든지 있다. 다만 아직 찾지 못했을 뿐이다.

(2) 부하의 시간을 인정해준다

부하에게 일방적으로 업무를 지시한다든가 부하의 사정도 고려하지 않고 시도 때도 없이 부하를 호출하는 행동을 삼가야 한다. 긴급할 때는 명령 식으로 지시해야 하겠지만 긴급하지 않을 때는 협의하는 식으로 다루어야 한다.

(3) 사무 처리에 자신의 권위를 제거하라

결재를 신속하게 해 주지 않으면 업무 정체 현상이 생기게 된다. 결재받을 시간대를 정해주는 것도 시간을 절약하는 좋은 방법이다.

(4) 약속을 칼같이 지켜라

상사가 지각하거나 회의 시간을 맞추지 못하면 부하는 상사를 신용하지 않을 뿐만 아니라 일의 속도도 떨어진다. 상사가 늦게 출근해서 '어제 늦게까지 일을 하다 보니 집에 늦게 갔고 오늘 아침 늦게 올 수밖에 없었다.'라고 자신의 행위에 정당성을 부여하기 위한 변명을 하면 업무 진행에 손실이 크다. 상사가 느끼는 1시간의 차질이 수많은 부하에게는 하루의 업무 진행을 떨어뜨릴 수도 있다.

(5) 업무를 부하들과 함께 처리하라

부하는 할 일이 없어 배회하고 상사 자신은 일에 싸여 허둥거리고 있다면 심각한 문제이다. 이와 반대로 부하는 눈코 뜰 새 없는데 상사 자신은 할 일이 없이 빈둥댄다고 해도 문제이다. 일은 직급에 맞게 적절하게 배분돼야 한다. 자기 일을 잘 분석해 보면 부하에게 위임할 일들이 많다.

부하에게 맡겨도 되는 일은 단편적인 일, 사실을 조사하는 일, 일상적인 일, 자료 수집하는 일, 준비하는 일 등이다.

일만 단순히 맡기는 것이 아니고 그 일의 완성 표준, 권한, 완료일 등을 잘 설명해 준다면 부하는 책임감을 느끼며 성실히 일을 처리할 것이다.

(6) 철저히 스케줄에 의한 업무를 추진하라.

부하들이 가끔 상사에게 불평하는 일 중의 하나가 '상사로부터 배울 것이 없다.'는 것이다. 상사가 철저히 시간을 계획하고 효과적으로 많은 일을 수행하면 부하들로부터 신뢰와 존경을 얻게 된다. 얼마 전 필자가 모 회사에 갔는데 직원이 부장에 대해 비평하기를 '자리나 지키고 있는 사람'이라고 했다. 상사는 업무 계획과 추진에 본을 보여야 한다. 상사는 시간을 잘 활용하기 때문에 뛰어난 실적을 올린다는 것을 부하가 명확히 알 수 있도록 본을 보여주어야 한다.

제14장

자기관리의
인간관계

작은 일이라도 소홀히 하지 않는다

110
출근은 빠를수록 좋다

유능한 샐러리맨은 지각을 수치로 생각한다. 자신이 속한 조직에 손해 끼쳐서는 안 된다는 점을 명심하라. 지위나 일의 비중에 따라, 그 정도는 달라지겠지만, 이것은 돌발적이고 눈에 보이지 않는 손해이므로, 회사로서는 갑자기 이에 대처할 수가 없다.

당신의 지각은, 적어도 당신이 속한 부와 과의 사람들만큼은 걱정하게 한다. 질병 등으로 피치 못할 사정이 생겼을 때에는 바로 회사에 연락해야 한다. 그래야만 회사도 나름대로 대응책을 마련하는 것이다. 당신이 20분 지각이면, 회사로서는 20분 이상의 손해가 난다는 것을 명심하라.

그렇다면 어떻게 해야 지각을 면할 수 있을까. 그것은 항상 '15분 전에 회사에 도착한다.'는 원칙을 지키는 것이다. 빠듯하게 회사에 출근한다는 것은 절대로 안 된다. 매일 출근 시간을 빠듯하게 맞추어 헐레벌떡 달려온다면, 어쩌다 지각을 해도 아무런 동정의 여지가 없다. 여성인 경우에는 제복으로 갈아입을 시간도 필요하므로, 여하튼 15분 전을 목표로 해 두어야 한다.

최근의 조사에 따르면, 첫째가 가정생활이고, 둘째가 취미생활, 셋째가 일이라는 것이 생활의 중요한 척도라는 순으로 나타났다고 한다. 보통 사람과 같이 평범하게 살아가면, 먹고 사는 데는 별걱정이 없을 것이고, 열심히 노력하면 작기는 하지만 내 집도 장만할 수가 있다.

물론, 행복은 개인적으로 어떻게 즐기며 사느냐에 달려 있을 것이다.

어느 집단 속에서 열심히 노력하며 일을 해도, 별로 일을 하지 않는 사람과 별 차이가 없기에 앞에서 말한 순서가 되는 것도 물론일 것이다.

그래서 당신도 빨리 그렇게 되라고 하는 말은 아니다.

결론을 말하면, 남성이나 여성 모두 샐러리맨이라면 당연히 일을 우선으로 생각해야 한다는 점이다. 왜냐하면, 당신은 일을 통해 회사로부터 생활을 영위하기 위한 돈을 받기 때문이다. 그렇게 해서 받은 돈이 당신의 가정생활이나 취미생활을 충족시켜 주는 것이다.

만약 모든 샐러리맨이, 조사에 의한 대로 가정을 중심으로 생각하고 계획을 세운다면, 그 조직은 도저히 지탱될 수 없을 것이다.

원래 회사라는 곳은 별로 재미가 없는 장소다. 만약 회사가 아주 재미있는 곳이라면, 당신이 돈을 받고 일하는 것이 아니라, 유원지나 영화관처럼 오히려 출근 때마다 입장료를 내고 들어가야 할 것이다.

그러나 회사는 돈을 지급하고, 그 대가로 일을 해 주기를 바라는 곳이다. 그러므로 당연히 재미가 있을 수 없다. 이렇게 재미없는 장소를 재미있는 곳으로 만들어 주는 것은 회사도 아니며 노동조합도 아니다. 그것은 오직 당신 자신뿐이다.

그러기 위해서는 우선 회사에 나가야 한다. 그리고 일이 제일이라고 생각하는 것이다.

퇴근하는 요령

직장에 따라 다소 차이는 있으나, 직장 대부분이 출근 시간을 엄격히 지키는 데 비하여 퇴근 시간에 대해서는 별로 신경을 쓰지 않는다. 퇴근 시간 전이야 누구라도 감히 퇴근할 생각을 못하지만, 근무시간 후의 퇴근도 일정하게 지켜지지 않는 것이 일반적인 관습이다. 근로법상 여덟 시간 근무로 못 박혀 있으면서도 이를 지키는 회사는 많지 않다. 출근은 보통 30분 전에 하고 간부직원들은 1시간 전에, 임원이나 중역들은 2시간 전에 출근하여 업무 계획을 추진해 나가는 회사가 많다. 그러면서도 퇴근 시간은 전혀 지켜지지 않고 있다. D그룹이 한창 번영 일로를 달릴 때, K 회장은 도시락을 싸 다니면서 일에 열중했다고 한다. 회사에도 제일 먼저 출근하고 제일 늦게 퇴근했다. 나중에 K씨는 9년간 잔디를 한 번도 밟아본 적이 없다고 술회했다. 경영인의 입지전적 이야기이긴 하겠지만 범상한 일이라고 할 수는 없지 않은가!

근무시간에는 일하는 둥 빈둥빈둥 거리다가도 퇴근 시간만 임박하면 그때야 서둘러 열심히 마무리 작업을 하고 상사들이 퇴근을 하나 안 하나 눈치나 슬슬 보는 직장인들이 너무 많다. 그러니 퇴근 시간이 제대로 지켜질 리 없다.

흔히들 계단식 퇴근이라고도 하는 이러한 관습은 매우 안 좋다. 근무 시간에는 열심히 일하고 퇴근 후에는 자기 시간을 갖는 것이 당연하다.

111
작은 일이라도 소홀히 하지 않는다

다른 부서를 방문했을 때, 잘 살펴보고 적어도 그 부서의 부장이나 과장의 얼굴 정도는 익히고 돌아오도록 한다. 대체로 샐러리맨 사회에서 직위와 신분은 능력 이상으로 말이 통해, 직위에 의해 인격이나 재산까지 과장되게 나타나게 하는 것이다.

그런데 직위와는 어울리지 않을 정도로 허풍쟁이 인간이 많다. 조직 안에서는 어떻게든 꾸려 나가지만 자기 혼자서는 아무것도 못 한다. 모두 자신의 이름과 얼굴쯤은 알고 있을 것이라고 제멋대로 생각하고 있는 높은 사람이 매우 많다. 그것을 일일이 따지고 깊이 생각할 필요는 없다. 사회란 그러한 인간이 아무 일 없이 꾸려나가고 있는 것이다.

즉, 애초부터 넘어져도 그냥 일어나지 않는 정신을 이렇게 시시한 일에서도 배워 두어야 한다. 작은 문제를 척척 처리하는 재능의 소유자는 회사 안에서도 귀중한 존재이며, 결국 큰일을 맡게 된다. 작은 일이라 해서 결코 소홀히 해서는 안 된다.

112
성공하려면 약속을 잘 지켜라

약속하면 언제나 지각하는 사람, 게다가 핑계나 변명이 많은 사람이 있다. 그러나 바쁜 것은 피차 마찬가지다. 그리고 바쁘다면 무리하게 약속하지 말았어야 했고, 피치 못할 사정이 있으면 사전에 연락해서 상대방에게 피해를 주지 않았어야 했을 것이다.

바쁘다는 것을 이유로 삼는 것은 당치도 않다. 바쁘든 말든, 그것은 자기 사정이지 이쪽의 책임도, 그리고 이쪽을 위해서 바쁜 것도 아니다. 자신이 게으르거나 서툴거나, 자신의 이익을 위해서이거나, 어쨌든 그쪽의 계산 범주 내에 불과한 것이다.

자기 사정 때문에 남을 무위로 내던져두는 것은 결국 남의 시간을 빼앗는 결과가 된다. 빼앗는다는 것은 물건이건, 돈이건, 시간이건, 피해를 준다는 점에서는 다를 바 없다. 계약사회에 약속은 바로 계약이다. 국제사회의 일원으로서 이 같은 정신을 소홀히 해서는 좋은 사람을 얻을 수 없다.

인간성도 좋고, 나름대로 재능도 있는데, 좀처럼 풀리지 않는 사람이 있다. 그런 사람은 대개가 약속을 잘 안 지키는 사람이다. 다른 사람이 바쁜 시간을 자기 사정으로 아무렇지도 않게 빼앗고도 부끄러워하지 않는 사람이기 십상이다.

보통의 비중 없는 교제라면 몰라도, 사업과 연관된 경우라면 상대방의 신뢰를 얻지 못 하는 원인이 되는 것이다.

자신의 말을 자기가 지키지 않으면, 아무도 지켜줄 사람이 없다.

시간은 소중한 인간의 생명을 잘라 놓은 것과도 같다. 그러므로 남의 시간을 빼앗은 것을 살인행위와도 같은 것이다.

바쁜 비즈니스 전선에서 그 근본이 되는 것은 바로 '시간'이다. 다른 사람의 시간을 소중히 생각해주는 것도, 교제술의 중요한 요소임을 잊어서는 안 된다.

술자리에서의 상식

1. 모임 시간에 늦지 않는다. 다른 사람들이 이미 자리에 앉아 있는데 혼자만 늦는 것은 추태다. 늦을 것 같으면 미리 전화해 둔다.

2. 끼리끼리만 모여 앉아서 잔을 건네거나 얘기하지 않는다. 이런 기회에 평소 가까이할 수 없었던 선배나 상사와 즐겁게 보낸다.

3. 남들이 한창 즐거워하고 있을 때 제멋대로 돌아가지 않는다. 어느 정도 분위기가 잡힐 때까지는 있어야 한다. 꼭 도중에 떠나야 할 이유가 있을 때는 사전에 양해를 구한다.

4. 여사원에게 실례되는 언동을 하지 않는다. 함부로 여성 옆에 앉고 싶어하거나 몸에 손을 대거나 개인적인 것을 묻거나 음란한 얘기를 하지 않는다.

5. 술잔을 주고받는 것은 필요악이라고 생각할 것. '술잔을 받게 해주십시오.' 하며 받는 것이 우선 예의이다.

6. 술자리에서 회사나 상사의 욕을 하지 않는다. 취한 나머지 그런 불평을 했을 때, 그 당시는 상사들이 쓴웃음을 지어 보이지만, 마음속으로는 틀림없이 마이너스 점수를 주게 된다.

7. 역으로 선배·상사에게 겉치레의 말을 하지 않는다. 술 취한 기세로 겉치레의 말 등을 하며 상대를 기쁘게 하려고 해도, 상대는 평소의 언동과 현재를 비교해서 오히려 위화감을 느껴 술버릇이라고 생각해버린다.

8. 전혀 즐겁지 않아도 그것을 얼굴에 나타내지 않는다. 술을 전혀 마시지

않았는데도 분위기를 무르익게 하거나 그 중심이 되는 사람이 있다. 술자리에서의 요령을 잘 알고 있는 사람이다. 이러한 사람을 유심히 관찰하거나 직접 배워 평소 술좌석에서의 태도에 대해서 알아둔다.

2차 술자리는 특별하지 않은 한 사양하는 것이 좋다

처음 술자리에서 술을 마신 후, 다시 마음에 맞는 사람끼리 유혹하고 유혹받아서 이루어지는 것이 이른바 2차다. 이어서 3차. 그중에는 처음 술좌석에서 말을 다하지 못했거나 중요한 용건을 다 마치지 못했기 때문에, 다음 모임을 계획하는 2차 모임도 있다.

일단은 사양한다. 그래도 계속해서 권유받게 되면 얼굴만 내밀고 환담에 잠시 참가하고 나서, 적당한 이유를 대고 자리를 뜬다. 때에 따라서는 2차 모임의 체류 시간을 미리 알려 두는 것도 중요하다.

그다지 취하지 않은 사람에게 권유받았을 때는 '뭔가 할 말이라도 있나?' 하고 이유를 물어 상대의 의도를 확인한 후 결정하면 된다.

속속들이 잘 아는 동료와의 2차 모임은 특히 주의한다. 취해있고 입도 가벼워져 있기 때문에, 신이 나서 쓸데없는 말을 엉겁결에 하는 경우가 있다. 상대는 나중에 그것을 선배, 상사에게 고할지도 모른다. 또한, 상대를 신용할 수 있는 사람이더라도 그 장소가 회사의 여러 사람이 이용하는 곳이라면 누설될지도 모른다.

맺고 끊는 법을 잘하는 법

하드보일드란 말은 하멧등의 추리소설로부터 생겨났다. 어중간하지 않은, 분명하고 확실한 생활태도를 표현한 현대어다. 언뜻 비정하고 몰인간적이며 공격적인 생활방식이 느껴지는 말이다.

그러나 실제의 하드보일드가 지극히 냉정하고 비인간적이냐 하면, 그렇지 않다. 극단적 합리주의와 템포의 문제에 지나지 않는다.

미지근한 말투나 거만한 태도, 수줍음, 지루함, 우회적인 화술, 사대주의적인 자세 등과는 대조적인 세계다. 솔직하고 핵심을 짚어내는 영리한 대응, 감정에 빠지지 않는 시원한 마음가짐 같은 것이 하드보일드의 핵심이라고 해도 과언이 아니다.

교제술을 구사하기 위해서는 굳이 하드보일드이지 않으면 안 되는 이유는, 적어도 표면적으로는 맺고 끊을 게 분명한 행동이 사람을 따르게 하기 때문이다. 치열한 경쟁이 수반되는 비즈니스 사회에서 시원시원한 하드보일드의 세계야말로 지극히 큰 매력이라고 할 수 있고, 매력이 있는 곳에 사람이 모이는 것은 당연한 이치다.

그런데 중요한 것은 하드보일드의 자세를 언제까지나 계속 유지할 수 있는가 하는 점에 있다. 인간적 연약함이 언젠가는 그 자세를 무너뜨리게 해버리기 때문이다. "저 사람도 결국은 사람의 아들이야." 하는 생각을 하도록 하는 사람은 이미 리더 자격이 없다.

시원시원한 하드보일드적 사고야말로 친구를 따르게 하고, 사귐의 범위를 넓힐 수 있는 자질이라고 생각한다면, 그것을 관철해 나가기 위해 적어도 다음과 같은 요건을 갖추어야 한다.

1. 유력하고 동원 가능한 배경
2. 어느 정도의 돈 준비
3. 해답의 실마리를 냉정하게 찾아낼 수 있는 지혜와 능력
4. 종횡무진 움직일 수 있는 체력과 시간

많은 친구를 거느리고, 그 친구의 영향력을 자신의 생활 전반에 집어넣을 수 있을 정도의 배짱과 도량을 갖고자 한다면, 이 정도의 요건은 반드시 유념해 두지 않으면 안 된다.

비즈니스에 성공하기 위해서는 교우관계를 넓히기 위한 하드보일드의 자세를 깊이 명심해 두어야 한다.

친구 사이일수록 예절은 필요한 것

'친한 사이에도 예의는 필요하다.'는 말이 있다. 그러나 실제로는 친한 사이이기 때문에 예의가 존재하는 것이다. 서로 친해져 농담을 나눌 수 있는 사이가 되면, 자칫 넘어서는 안 될 선을 넘어버리게 된다. 그 선을 넘으면 거기에는 위험이 기다리고 있다.

마음을 주는 것은 부주의나 방심의 씨앗이 되기 쉽다. 하지 않아도 될 말이 별다른 의식 없이 입을 통해 나와버리기 때문이다. 상대방에게 방심할지라도, 자기 자신에게는 절대로 방심하지 말아야 한다. 당신 자신이 이완되어버리면 도저히 추스를 수 없는 처지에 빠질지도 모르기 때문이다.

아랍 속담에 '다리가 미끄러지는 것은 혀가 미끄러지는 것보다 안심이다.'라는 것이 있다. 아무리 친한 사이라 할지라도 말을 함부로 해서는 안 된다는 것을 깨우쳐 주는 말이다.

사람은 감정의 동물이다. 따라서 언제나 똑같은 기분일 수는 없다. 그 날의 상태, 날씨, 사소한 충격에 따라 항상 정신상태는 유동적이므로 그 때그때의 기분에 따라서 반응은 가지각색일 수 있다. 그러므로 방심하면 엉뚱한 결과를 입을 수도 있다는 말이다.

사귐이 소중하다면 속에 있는 것을 모두 뱉어내는 행동은 삼가야 한다. 조금 더 말하고 싶은 시점에서 멈출 수 있는 지혜가 필요하다.

아무리 친해도 일단 경어로 시작한 사람은 경어로 일관하는 것이 좋다. 직업이나 나이의 차이가 있을 경우라면 더욱 방심해서는 안 된다. 사람마다 그 밑바닥에는 언제나 '다름'이 존재하기 때문이다.

언뜻 보면 예의란 참으로 지키기 어려운 것처럼 보인다. 그러나 예의라고 하는 개념은 비록 조금씩이기는 하지만 계속 변화하고 있다. 문제는 변화한 예의 자체를 이해하고 있느냐 없느냐에 있다.

오늘날에는 별로 중요시되지 않는 오래된 관습에는 굳이 신경 쓸 필요가 없다. 그런 것에 마음을 쓸 사람은 아무도 없다. 예의라는 것은, 사실은 정해진 틀이나 한계가 있을 수 없기 때문이다.

그러나 통념화된 예의를 무시해서는 안 된다. 그런 예의와 절도가 친구를 오랫동안 자기 주위에 묶어두게 한다. 그것을 잃었을 때, 당신은 친구를 잃어버리게 되는 것이다.

사양도 어느 정도로

이론적으로 따지기 좋아하는 사람이 있었다. 그의 말은 논리정연하여 어디를 파헤쳐도 결점이 드러나지 않는다. 그는 언제나 상대방을 철저히 설복하고 그 결과에 득의양양했다. 그러나 그에게는 한 사람의 친구도 생기지 않았다.

세상에는 어느 일에나 쓸데없이 이론만 앞세우는 사람이 있다. 만일 그런 사람이 능숙한 입담까지 갖추고 있으면 금방 왁자지껄 논쟁바닥이 되어버린다.

말이 시원시원하고 막힘이 없는 사람은 언뜻 대단히 똑똑한 사람처럼 느껴진다. 그러나 사실은 그렇게 느껴지기만 할 뿐, 그것이 똑똑한 사람이라는 증거는 아니다. 그것은 말하자면 문제에 대한 자신의 감상에 지나지 않는 것이다. 어떠한 사항에 자신의 주장을 갖는 것은 당연하다 하더라도, 모든 일에 완전한 이해와 지식을 갖는다는 것은 있을 수 없기 때문이다.

만일 그러한 인물이 있다고 한다면, 그것은 알지도 못하면서 아는 체하는 요설 무리에 지나지 않는다. 이 세상에는 그러한 요설의 무리가 너무 많다. 그리고 입담 좋은 사람일수록 그런 술책을 부리기를 잘한다. 그 결과 자신의 주장에 취해 어떠한 경우에도 자기주장을 굽히려 하지 않는다. 그러나 대화에는 상대방이 있는 것, 그 상대방을 골탕먹이는 데 전념하는 것은 사귐을 깨뜨리는 결과를 가져온다.

겸손이 미덕이라는 말이 있다. 특히 유교의 가르침이 뿌리 깊이 남아 있는 사회에서는 아직도 그런 풍조가 남아 있다.

겸양의 미덕이라는 말로 윗사람은 아랫사람에게 예의를 지키라고 요구한다. 위엄이 있되 두렵지 않고, 자기 현시욕이 없는 상사가 존경받는 인간이라고 젊은이들은 강조한다. 표현은 달라도 겸허한 사람이 사려 깊은 인격자라는 것에는 변함이 없다. 그러나 그것도 도가 지나치면 자기 현시를 증명하는 것이 된다.

사람은 제각기 입장과 역할이 다르다. 때에 따라서 지나친 겸양은 상대방에게 불쾌감을 준다. 사실의 증거가 확실하면 사람들은-그것이 특히 자기의 부하나 연소자인 경우에-칭찬의 말임을 가장하여 적당히 환심을 산다. 두 번 세 번 반복하는 칭찬에 대해 언제까지나 낮추어 대꾸해서는 안 된다. 그것은 결코 칭찬이 아니기 때문이다. 그저 "그렇게 말씀하여 주시니 감사합니다."든가 "잘 봐주셔서 고맙습니다."고 아무렇지도 않게 말할 수 있는 여유가 필요하다. 그것이 상대방에게 안도와 친근감을 가져다주는 요체가 된다.

언제고 겸손한 체하는 것은, 마음을 터놓고 얘기할 수 없는 친구, 마음을 허락하지 않는 상사라는 평을 받게 할 수도 있다.

축하장보단 장례식에 참석하는 것이 우선

사람의 관점에서 관혼상제만큼 기묘한 것도 없다. 결혼·회갑 등의 경사에 대해 나쁜 감정을 갖는 사람은 별로 없다. 그러나 장례식의 경우는 그렇지 못하다. 사람들은 이 두 가지 행사에 상당히 중요한 의의를 두지만, 한편으로는 난처하기도 하다. 의리 때문에 내키지 않는데도 서로 그런 본심을 숨긴 채 형식적으로 참석하는 것이 대부분이다. 말하자면 그것은 식의 낭비나 허례에 지나지 않는다.

죽은 자에 대한 예의라는, 어쩔 수 없는 의리에 묶여 마지못해 참가하고 있는 셈이다.

그러나 알고 보면, 이 행사에는 사귐에 있어서 무시할 수 없는 효용가치가 있다. 말하자면 형태가 다를 뿐, 사교장이나 파티와 다를 바 없는 것이다. 부조는 파티에 있어서의 회비와 같은 것이고, 사람에 따라서 그 액수가 다르다는 점이 파티와 다른 측면이다.

대체로 진심으로 비탄에 빠질 만큼 깊은 사귐이란 그다지 많지 않다. 입으로는 "아까운 분께서 돌아가셨습니다."고 말하지만, 그것은 사소한 빈말에 지나지 않는다.

그렇다고 참가하지 않을 수도 없다. 나중에 무슨 일이 생길지 모르기 때문이다. 이런 곳에서 하는 비난은, 본심이야 어찌 되었건 누구나 수긍하지 않을 수 없다는 특성이 있다. 그래서 본심에 반하여 참석하는 사람이 99%를 차지하고 있다고 해도 과언이 아니다.

본래 제사니 사자공양이니 하는 것도, 죽은 자와는 사실은 아무런 관계가 없다. 살아남은 사람들에 대한 의리를 세우는 것일 뿐이고, 유족도 고인의 이름을 빌려 자신들의 힘을 과시하는 일종의 선전인 셈이다.

책임의 한계는 정확히

"책임은 내가 진다." "책임에 대해서는 염려 마라."는 식으로 경솔하게 책임이라는 말을 사용하는 일이 잦다. 그러나 실제로는 책임이라는 것은 질 수 있는 것이 아니다. 한 번 일어난 사항은 어디까지나 현실이며, 원래의 상태로 되돌릴 수는 없다. 하물며 예측하지 못한 결과에 대해서 무한적으로 책임을 진다는 것은 있을 수 없는 일이다.

책임에는 한계가 있다. 그러면 그 한계는 도대체 어디에 있는 것일까. 간단하게 말하면 일정한 결론이 나올 때까지라고 볼 수 있다. 그 후에 발생하는 것은 별도의 사항으로 보아 종지부를 찍는 것이 일반적인 상식이다. 따라서 처음부터 무조건 "모든 책임을 진다."는 식으로 말해서는 안 된다. 질 수 있는 부분밖에 질 수 없는 것이 책임이기 때문이다.

책임감 있는 사람이라는 말은 일종의 칭찬인데, 여기에 일반상식의 본심이나 비밀이 숨어 있다. 왜냐하면, 책임 뒤에 '감'이라는 글자가 붙어있기 때문이다. 책임을 느낀다는 것이지 책임을 다한다는 말은 아니다.

아무리 당신이 힘이 있는 체해 보이더라도 책임은 권리와 의무만큼의 무게는 없다. 도의적인 뜻이 강할 뿐 실제는 아무런 구속력도 강제력도 없다. 교제술에서 책임이란 바로 그러한 것을 가리킨다. 따라서 부끄러움이 더욱 친밀성을 자극할 수 있기 때문이다. 교제술을 터득하고자 하는 사람이라면 이런 종류의 의식을 절대로 소홀히 해서는 안 된다.

서로 책임이라는 것에 과중한 평가를 하고 기대해서는 안 된다.

비즈니스맨은 무조건 회사로부터 책임을 강요당한다. 때에 따라서는 자신의 과실이 아닌데도 연대해서 책임을 져야 하는 일도 있고, 회사 전체의 수익률이 낮은 것조차도 승진보류라는 방법으로 책임을 뒤집어쓰는 경우도 있다. 일방적인 행동 그 자체가 얼마간의 책임 이행과 연관되는 것이 사회이다. 그 속에서 발생하는 질적으로 다른 문제까지 모든 책임을 강요당해서는 숨통이 막혀 버릴 것이다. 대개 누군가가 "내가 책임을 질 테니까…"라는 식의 말투로 무엇인가를 의뢰할 때는, 그 사람의 얼굴을 보아서 할 수 있는 데까지 해 달라는 것밖에는 되지 않는다.

교제술에서 책임은 이런 정도의 것이다. 따라서 "지위나 막대한 금전을 던져서라도…." 하는 식으로, 무한책임을 취할 입장이 아니다. 왜냐하면 사귐이란 서로 간의 이익 발생을 전제로 하기 때문이다.

비즈니스맨은 공적으로는 회사에 책임이 있고, 사적으로는 가족 전체의 생활과 장래에 관한 책임이 있다. 이 두 개의 큰 책임에 금이 가도록 책임을 지는 것은 본래의 목적에서 벗어나 있다고 생각해도 좋다.

회사물건을 개인용도로 쓰지 마라

회사의 봉투나 편지지 혹은 필기구 등을 개인 용도로 사용하는 것은 금물이다. 이것은 누구나가 알고 있는 상식이다. 그러나 처음에는 잘 지키다가도 점차 회사에 익숙해져 가면서 자기도 모르게 지키지 않게 되는 일이기도 하다.

여기에는 회사의 분위기가 크게 영향을 끼친다. 얌체 사원이 많은 곳에서는 모두가 아무렇지도 않게 회사의 물건을 개인용으로 사용한다. 이런 경향이 계속되면 결국에는 커다란 사고에도 둔감해져 버린다. 설사 동료가 그렇다 해도 자기만은 결코 그것을 흉내 내지 말아야 한다.

120

돈은 빌리지도, 빌려주지도 마라

직장에서는 동료끼리 돈을 빌리고 빌려주는 일이 종종 있다. 그러나 이 돈거래에는 묘한 감정 얽힘이 있을 수 있으므로 조심해야 한다.

금액이 그렇게 많지 않을 때에는 대개 빌린 사람이 잊어버린다. 빌려준 사람은 몇 푼 안 되는 돈을 달라고 할 수도 없고, 그렇다고 완전히 잊히지도 않는다. 상대방의 얼굴을 보면 반드시 돈이 생각나는 것이다. 바로 이것이 서로 간의 감정에 상처를 가져오는 결과를 초래할 수 있다.

돈을 빌린 사실은 절대로 잊지 마라. 금전 감각이 헐렁하다는 인상을 주는 것은 신용을 크게 손상하는 근원이기 때문이다.

상·하의 한계를 분명히 하라

모든 일에는 한계를 명확히 해야 한다. 한계의 첫 번째는 상하 관계이다. 회사에서는 이것이 엄격하게 규정되어 있다. 그렇지 않고서는 위의 명령이 아래로 한결같이 전달될 수가 없다.

상사가 일을 지시하기 위해 여러 가지 설명을 할 때가 있다. 이때 한참 이야기를 하고 있는데 이쪽에서 말을 걸어 이야기를 차단한다면 아주 위험한 행동이다.

상사의 이야기는 경과 설명이고, 결론은 다를지도 모른다. 그것을 중도에서 끊고 멋대로 의견을 말하면, 첫째로 경솔한 사람이라는 인상을 줄 수 있고, 둘째는 상사를 가볍게 보고 있다는 오해를 받게 된다.

상사가 이야기를 하고 있을 때에는 적당한 시기에서 "예, 예" 하고 맞장구를 쳐 자기가 이야기의 내용을 이해하고 있다는 사실을 표현해두는 것이 필요하다.

122
변명은 비즈니스맨의 치명상

어떤 문제에 대해서 상사에게 보고할 때, 그 내용에 대해 당신이 크게 만족하지는 못하지만, 그런대로 괜찮지 않으냐고 생각하고 있어도 상사에게는 불만인 경우가 종종 있다.

그래서 보고하는 사람은 자기도 모르게 변명을 하고 싶어진다. '나의 목표가 여차여차한 이유에서 이 정도의 결과로 끝나긴 했지만, 나로서는 전력을 다했다. 그러나 100% 생각대로 되지 않았던 것은 오직 나 혼자만의 책임은 아니다.'라고 말하고 싶어진다. 그러나 이것은 가장 좋지 않은 보고 방법이다.

사람의 능력에는 한계가 있지만, 노력에는 한계가 없다. 만일 결과가 생각대로 되지 않았다면 그때는 자신의 노력이 부족했던 것이라고 겸허하게 반성할 줄 알아야 한다. 미련 없이 돌아설 수 있고 반성할 수 있다면 그것은 훗날 당신에게 커다란 이익이 되어 돌아올 것이다.

상사가 없으면 더욱 열심히 일하라

또한, 회의나 출장으로 상사가 없을 때가 있다. 이런 때에는 아무래도 기분이 이완되게 되어 있다. 큰소리로 웃거나 상사의 험담을 하고, 혹은 상사의 책상에 앉아보는 사람도 있다. 그러나 긴장을 풀고 자유로운 기분이 되는 것은 좋지만, 평상시 굽실굽실하다가 이런 때에 한해서 위세를 부리는 것도 차마 보아줄 수 없는 일이다. 다른 사람 보기에도 민망할 뿐이다. 사람은 언제나 같은 페이스로 나가야 한다. 그렇게 하는 것이 사실은 즐거운 것이다.

124

험담이나 소문은 누군가가 듣고 있다

동료끼리 모여 하는 대화 가운데 가장 즐거운 것이 있다면 그것은 바로 그 자리에 없는 사람에 대한 험담일 것이다. 이런 이야기는 누구나 신바람이 나 밝은 기분이 되는 것이다. 그러나 이것은 쓸데없는 즐거움일 뿐 결코 찬양할 것은 못 된다. 더구나 그 대화에 어느 정도의 악의가 개재된 경우라면 실로 감당하기 어려운 결과를 초래할 수도 있다.

험담은 어떤 과정으로든 본인의 귀에 들어갈 확률이 높다. 이야기하고 있던 사람 중의 누군가가 배반하여 당사자에게 일러바치는 경우도 있다. 자신에 대한 험담이 직접 혹은 간접적으로 자기의 귀에 들어온다는 것은 매우 기분 나쁜 일이다. 그리고 이런 얘기는 대개 사실보다도 과장되게 마련이고, 또 나쁜 부분만이 전해지기에 십상이다.

125

남을 탓하기 전에 자신을 돌아보라

회사의 일이란 여러 사람이 협동해야만 이루어질 수 있다. 아무리 유능한 사람이라고 해도 개인의 힘으로만은 한계가 있는 법이다.

그러나 모두가 협력하면서 잘 해보려고 해도 팀워크가 잘 이루어지지 않는 경우가 많다. 서로의 사고방식이나 감정이 달라 불협화음이 발생하는 일도 적지 않다. 아마도 이런 경험은 당신에게도 여러 차례 있을 것이다.

그러나 팀워크에 문제가 있다고 느낀다면 먼저 자신에게 문제가 없는지를 생각해보라. 그리고 입장이나 의견을 되돌아서 바라보라. 반드시 새로운 방향을 발견할 수 있을 것이다.

126

술 힘을 빌려 시비를 걸지 마라

평소에는 하지 못했던 말을 술 힘을 빌려 하는 사람이 있다. 가슴속에 있던 불만을 상사에게 장황하게 늘어놓거나 시비조로 생떼를 쓰는 경우이다. 이런 모습은 '비겁한 개'가 멀리서 짖는 것처럼 볼썽사납기 짝이 없다.

시비를 거는 당사자는 술기운에 자제심이 마비되어 버렸기 때문에 나중에 자신이 무슨 말을 했는지 기억하지 못하지만 당하는 상사의 입장에서는 기분 좋게 취할 수 없다. 당신이 분별없이 말한 것을 상사는 거의 맨정신으로 듣고 있다가 그것을 나중에까지 기억하고 있다. 이것이 당신에게 불리하게 작용할 것을 말할 것도 없다. '술버릇이 나쁜 사람'이라는 낙인이 찍히게 되는 것이다.

송년회나 신년회, 그 밖의 회사의 각종 다과에서 나이 든 중역이 '오늘은 위아래 없이 마음껏 즐기기로 합시다.'라고 얘기하는 경우가 있다. 즉, 회사 안에서의 상하관계는 떨쳐버리고 모두가 대등한 입장으로 유쾌하게 마시자는 뜻이다. 취지는 참으로 좋다. 그러나 이때야말로 주의하지 않으면 안 된다. 회사관계는 일체 문제 삼지 않는다고 하더라도 중역은 역시 중역이고 과장은 어디까지나 과장이다. 그런 중역의 말을 곧이곧대로 믿고 회사나 상사에 대해 비판이라도 하게 되면 반항적인 사원으로 비치고 나중에 뼈 아픈 보복을 당하게 된다.

상대방의 취미를 비난하지 마라

어떠한 일이 있어도 상대방의 취미를 무시하거나 비난해서는 안 된다. 취미란 원래 축제와 같은 것이다. 축제에서 춤을 추거나 노래를 부르는 것도, 그것을 하는 사람들은 진지하고 환희와 도취의 경지에 빠져 있지만, 곁에서 보면 그 가치와 참맛을 알 수 없다. '춤추는 바보에 구경하는 바보'란 말은 바로 그런 것을 일컫는 말이다.

다른 사람의 취미를 갖고 이러쿵저러쿵 말할 권리는 그 누구에게도 없다. 그런데도 무책임하게 욕을 하거나 헐뜯으면 사람에 따라서는 정말로 화를 낼지도 모른다.

128

술 마신 다음 날은 지각하지 마라

아침부터 술이 덜 깬 듯한 부스스한 얼굴로 앉아 있으면 금방 티가 난다. 남들은 모두 내심으로 '그런 상태로 제대로 일할 수 있겠어?' '칠칠치 못하군.' '절도 없는 사람이야?' '자제력이 부족한 것 같군.' 하고 생각하는 것이다.

만약 세 사람이 함께 술을 마셨다고 하자. 그런데 당신 이외의 두 사람은 평소와 다름없이 말끔한 모습으로 일하고 있는데 당신만이 머리를 감싸 쥐고 창백한 얼굴로 맥이 빠져 있으면 그건 한심하기 짝이 없는 노릇일 것이다.

제16장

자기관리에서 성공은
아이디어가 있어야 한다

뇌를 활성화하고 창의력을 발휘하여 연쇄적으로
다음 창조의 발화점이 되어 더욱더 단련되어가는 것이다.

129
회사는 생각하는 직원을 요구한다

어느 회사에서나 생각하는 사원을 요구하고 있다. 발상, 아이디어, 창의력 모두가 이 생각하는 인간의 행위에서 생겨난다는 것은 논의의 여지가 없다. 누구나 생각을 하며 누구나 잠재적인 창의력을 가지고 있다. 그러나 그것은 누구나 창조적이라는 것과는 다르다.

인간에게는 140억 개의 뇌세포가 있다. 어떠한 천재도 그 수에 차이가 있는 것은 아니다. 그러나 현실적으로는 창의력이 있는 사람과 없는 사람이 있다. 그 차이는 어디서 생기는 것일까? 모두가 해명된 것은 아니며 아직 모르는 점이 더 많다.

확실히 알려진 바로는 뇌는 근육과 같은 것이어서 쓰지 않으면 않을수록 쇠퇴한다는 것. 나이와도 관계가 있으며 기억력은 25세가 넘으면 점점 감퇴한다는 것이다. 그러나 창의력은 쓰면 쓸수록 좋아지며 70~80세까지도 발달한다.

그렇다면 실제로 전두엽을 단련하고 창의력을 높이기 위해선 평소 어떻게 하면 될까? 우리는 어려서부터 부모나 선생님들로부터 '스스로 잘 생각해 봐요.'라는 말을 들어왔다. 그러나 '어떻게 생각하는가?' 하는 방법에 대해서는 구체적으로 배울 수가 없었다.

창의력을 계발하기 위해서는 '어떻게 하면 잘할 수 있을까?' '어떻게 할 것인가?'에 유의할 필요가 있다.

가령 사람들과 대화를 나눌 때에도 기후나 스포츠 같은 화제에서 한발 더 나아가 자기의 이미지, 자기의 판단을 더해서 이야기해 본다든지 또는 문장으로 써보는 습관을 들이는 것이 좋다. 평소의 이러한 훈련은 뇌세포를 활성화하고 창조적인 머리를 만드는 것으로 연결되기 때문이다.

당신의 창의력은 끊임없이 일하고 싶어 하며 발전을 원하고 있다. 그것을 막으면 불안과 불만이 쌓여 간다. 뇌를 활성화하고 창의력을 발휘하며 연쇄적으로 다음 창조의 발화점이 되어 더욱더 단련되어가는 것이다. 쇠퇴하지 않는 창의력은 당신의 귀중한 재산이 될 것이다.

130
사실을 근거한 창의력을 가져라

창조적으로 생각하기 위해서는 필요성을 발견하고, 확실한 목표를 세워서 그것을 구체적으로 표현해 본다. 다음에는 공격 계획을 세워 '사실'을 동원할 필요가 있다.

단계를 밟아 사고해 나감으로써 창의력을 발휘할 수 있다. 그렇지만 정확한 사실을 가지고 있다고 해도 그곳에 함정이 도사리고 있다는 것을 또한 주의해둘 필요가 있다.

어떻게 되어 있는가? 무엇이 그렇게 만들고 있는가를 탐구하여야 한다.

결론이나 판단을 급히 내리려 하다가는 노다지 광맥을 스쳐 가고 말 것이다.

탐색의 범위를 넓히고, 연관된 사실을 될 수 있는 한 많이 수집해, 되도록 많은 사실을 캐내지 않고는 창의력을 유출해낼 자극이나 계기를 발견할 수가 없다. 사실을 너무 조급히 해석하려 하거나 판단·평가를 서두르지 않고 다만 받아들이기만 해야 한다.

창의적 사고의 과정은 복잡하지만, 모두가 사실에 따라 이루어진다. 당신도 자기 업무 속에서 얼마만큼 사실을 알고 있는가? 공기가 없으면 날개도 새를 날게 할 수는 없다. 창의적인 사고에서 '사실'은 공기와 같은 것이다. 사실 없이는 당신의 창의력도 발휘될 수 없다.

아이디어는 결점이 있는 곳에서 생겨난다

여러 가지 결점을 들어 잘못된 점을 찾아낼 수는 있지만, 그것을 변경시키거나 효과적으로 이용하는 사람은 드물다.

가령 당신 앞에 있는 재떨이에 대해서 어떠한 아이디어를 내다고 할 때에 3분 동안에 얼마나 많은 아이디어가 나올까?

그러면 이번에는 우선 당신 앞에 있는 재떨이를 잘 살펴본 후에 눈에 거슬리거나 불만스러운 점을 생각나는 대로 1분간 적어보고 그다음에 그 결점을 보완하기 위해서 2분간 생각해 본다면 같은 3분으로 처음 경우보다는 개선을 위한 더 많은 힌트를 얻게 될 것이다.

무엇인가를 변경시키려고 할 때, 일반적으로 결점을 생각하는 동시에 개선할 아이디어까지 같이 생각한다. 그러나 급할수록 돌아가라는 속담이 있듯이 우선은 결점을 알아낼 수 있는 데까지 알아보고 난 다음에 그 하나하나에 대해서 개선할 점을 생각하는 편이 훨씬 효과적이다.

예를 들어, 주전자를 쓸 때마다 불편을 느낀다고 해보자. 주전자가 좋지 않다고 중얼거리지만 말고 그 결점을 한 번 알아보자. 손잡이가 뜨겁다, 뚜껑에 있는 구멍에서 나오는 뜨거운 김에 손을 덴다, 금방 더러워진다, 잘 끓지 않는다, 부딪치면 쭈그러진다, 주둥이로 먼지가 들어간다, 등등 많을 것이다. 그다음엔 이 결점들을 없애기 위해 하나씩 개선할 아이디어를 생각나는 대로 내보는 것이다. 결국에는 쉽게 아이디어를 얻을 것이다.

132

어디에서 아이디어를 얻을 것인가

창의력은 매력 있는 것으로 누구나가 관심을 둔다. 그러나 너무 획기적인 결과만을 기대하여 수수하고 싫증 나는 현실을 돌아보지 않는다.

창조는 무에서 유를 낳는 신비한 것이 아니다. 당신 주변의 사물 모두가 소재가 된다. 당신은 현실을 빠짐없이 둘러보고 있는가?

직관이나 갑자기 번뜩이는 영감이 창조적 활동의 밑거름이다. 그러나 영감은 소중히 기르는 것이다. 문제 해결을 가져오는 행운의 일순간은 그에 이르는 끊임없는 노고 끝에 얻어지는 수확이며 구하는 사람에게만 주어지는 결과다. 당신은 항상 구하고 있는가?

전혀 관계없는 사실, 대립하는 현상, 어울리지 않는 현실과 마주치면 왜 그럴까? 하는 의심을 하고 생각해 본다.

무엇이 일어날 것인지 짐작해보는 습관을 들인다. 추측하는 것에 그치지 말고 문제를 제기해 보는 것이다. 문제가 무엇인가를 입으로 말해 보는 것에서 창조 활동은 시작된다. 해답은 그 문제 속에 이미 들어 있는 것이다. 당신은 문제를 입으로 말해 보는가?

'미셸은 포탄이 작렬하는 전투 중에만 지적인 번뜩임이 나타났다. 판단은 정확했고 냉정하며 정력도 넘쳤다. 그러나 조용한 방안에서 지도를 보면서 작전을 짜는 것은 서툴렀다.'라고 나폴레옹은 부하 장군에 관해 이야기하고 있다. 행동 속에서 창의력은 활력을 얻는 것이다. 당신은 온몸으로 생각하고 있는가?

창의력 있는 사람은 바로 이런 사람

1. 잡학박사 소리를 듣는 사람

창의력은 한 분야에서만 탄생하는 것은 아니다. 자기의 전공과는 관계 없는 다른 곳에서 아이디어를 얻는 경우가 많다. 지식과 경험에서 외골 수 전문가는 진정한 전문가가 아니다. 전문가가 고집이 없어서는 안 되 겠지만, 이 고집은 끝까지 파고드는 집념을 뜻하는 것이니 편견을 지닌 사람이 되라는 말이 아니다.

역사상 가장 위대했던 사람들은 모두 폭넓은 교양과 경험이 있었다. 세기의 과학자였던 아인슈타인은 음악에도 깊은 조예가 있었다는 사실 을 잊지 마라.

잡학박사라는 소리를 들을 때까지 노력하라.

2. 세상사에 관심 있는 사람

도대체 세상이 지금 어떻게 돌아가는지 나하고 상관없다는 사람은 결코 창의적인 사람이 될 수 없다. 정치, 경제, 문화, 스포츠 등은 물론 사회 전 반의 흐름에 민감한 감각과 자기 나름대로 관점을 가져야 한다.

압구정동의 패션도 알아야 하고 요즘 아이들이 어떤 음악을 좋아하는 지, 요즘 노인들은 하루를 어떻게 보내고 있는지도 알아야 한다. 시대에 뒤떨어진 창의력은 아무런 쓸모도 없다.

3. 아이디어 발상이 자유로운 사람

상상력이 아이디어의 핵심이다. 상상력이 없는 사람은 결코 창의력이 있는 사람이 될 수 없으므로 절대 프로가 될 수 없다. 하나의 프로젝트가 주어지면 샘솟듯이 아이디어가 나와야 한다. 그러기 위해서는 평소 늘 상상력을 기르는 훈련을 해야 한다. 하나의 사물과 사실을 보고 이리저리 바꿔보기도 하고 말도 안 되는 상상을 해보는 것도 좋다.

4. 논리적인 문장력이 있는 사람

창의력은 결국 대부분 문장으로 표현된다. 아이디어의 힘은 연필을 쥔 손끝에서 나온다. 그러나 문장력은 매끄럽고 미사여구를 잔뜩 늘어놓는 것이 아니다. 논리적이며 설득력 있고 간결하게 주장을 담을 수 있는 문장력이면 족하다. 문장력을 기르기 위해서는 신문 사설이나 좋은 칼럼 같은 것을 필사, 즉 베껴 써보는 훈련이 큰 도움이 된다.

5. 비즈니스 감각이 있는 사람

아무리 뛰어난 창의력을 가져도 비즈니스에서 실패하면 한낱 물거품이 되기 일쑤다. 창의력을 혼자서 즐기고 말겠다면 모르되 그렇지 않다면 비즈니스 감각과 세일즈맨으로서의 자질도 가져야 한다. 창의력이 뛰어난 사람들의 약점이 바로 이런 점이기 때문에 더더욱 강조할 수밖에 없다.

6. 사람을 원만히 사귀는 사람

늘 만나는 사람들과의 원만한 인간관계는 큰 재산이다. 사실 실력은 별 것 아닌데 인간관계를 잘해서 이득을 보는 사람이 많다. 창의력과 인간관계 둘 중에서 택하라고 한다면 인간관계를 택하는 것이 낫다.

그만큼 인간관계는 우리 인생에서 결정적인 힘을 발휘한다.

7. 진솔한 화술과 설득력이 있는 사람

아무리 좋은 아이디어가 있어도 상대방을 설득할 수 없다면 소용없다. 그러나 화술이 좋다는 것을 매끄럽게 말만 잘하는 것과 혼동해서는 안 된다. 진솔하게 설득할 수 있는 능력이 있어야 한다는 뜻이다. 그리고 같은 내용을 효과 있게 전달하는 방법을 스스로 터득하기 바란다.

화술에 관한 책이 서점에도 나와 있으며 또 심리학을 배우는 것도 도움이 될 것이다. 다른 사람이 말하는 것을 가만히 분석해보라. 장단점을 잘 살펴보면 답이 보일 것이다.

8. 밤을 연달아 새워도 끄떡없는 사람

건강을 잃으면 모든 것을 잃는다. 건강이 없으면 좋아하는 일을 계속할 수가 없다. 헬스클럽에 다니든지 등산을 하든지 테니스를 하건 자신이 알아서 할 일지만 어쨌든 건강하지 않은 나약한 천재는 이제 필요가 없는 세상이다. 일할 때는 며칠이고 집중해야만 뭔가를 이룰 수 있기 때문에 건강은 중요한 덕목이다.

9. 한 번 한다면 끝까지 밀고 가는 사람

중간에 그만하면 아니함만 못하다는 것을 알고 있을 것이다. 산의 정상에 오르지 않고 중간에서 "야호" 하는 사람을 우리는 전문산악인이라고 하지 않는다. 인내심과 끈기 없이는 결코 뛰어난 아이디어맨이 될 수 없다. 불교에서는 화두를 가지고 끝까지 파고들면 이룬다고 한다. 적당한 선에서 멈추는 적당주의자가 절대 되지 말 것.

10. 따스한 가슴을 지닌 사람

전략에서는 냉정하다. 하지만 창의력에서는 따스한 인간미가 없으면 남에게 아무런 도움이 되지 않는 아이디어만 내게 된다. 가슴이 차가운 사람이 결코 따뜻한 창의력을 발휘할 수 없기 때문이다. 아이디어맨이 되기 전에 먼저 따스한 휴머니스트가 되어야 한다.

11. 협동하는 사람

혼자서도 일을 잘할 수 있고 멋진 아이디어를 낼 수도 있다. 그러나 공동의 작업으로 탁월한 창의력을 발휘하는 것이 더 좋은 경우가 많다. 일 더

하기 일은 둘 이상의 효과를 내기 때문이다. 이른바 시너지 효과를 거둘 수 있다. 그러므로 잘 협조하고 또 팀의 리더가 될 수 있다면 금상첨화다.

12. 패션 감각이 있는 사람

꾀죄죄한 사람이 절대로 창의력이 뛰어날 수는 없다. 패션 감각이 있다는 것은 그만큼 창의력 발휘를 할 준비가 되어 있다는 증거가 된다. 지금 당신의 패션을 보라. 거울을 통해 보든지 옆의 동료에게 솔직한 비평을 청하라. 그래서 패션 감각이 없다는 소리를 들으면 오늘부터 자기 나름대로 패션을 연구해야 한다. 우선 자기 패션부터 창의적이라야 다른 것에도 창의적인 안목으로 볼 수 있다.

13. 자기 계발에 아낌없이 투자하는 사람

봉급을 받으면 10%는 무조건 책을 사는 데 할애하는 내 친구가 있다. 이사할 때마다 책이 많아서 고생한다고 엄살이지만 얼마나 행복한 엄살인가! 책을 사도 좋고 뭔가를 배워도 좋다. 영어나 일어 학원을 계속 다닌다거나 소모임이나 단체에 참여하는 것도 좋다. 요는 자기 개발에 아낌없이 투자하라는 것이다.

제17장

작업능률을
높이는 방법

당신도 마음먹기에 따라 달라질 수 있다.

134

당신도 마음먹기에 따라 달라질 수 있다

일에 쫓길 때마다 하루가 좀 더 길었으면 하고 생각할 때가 종종 있을 것이다. 그러나 국회에서 하루를 28시간으로 제정할 수는 없는 노릇이고 보면 매일 하는 작업을 될 수 있는 한 쉽고 빠르게 해치울 수밖에 없다.

경쟁이 심한 오늘날의 비즈니스 사회에서는 이것이 더욱 중요하게 느껴진다. 비즈니스 사회에서는 경쟁 상대보다 조금 더 빠르고 효율적인 조장을 가진 기업이 성공한다. 그리고 그 결정적인 수단은 기계도 제품도 아닌, 바로 비즈니스를 운영하고 있는 사람이다.

아무리 첨단 과학이나 의학의 힘을 빈다 해도, 알약을 입에 쏙 집어넣어 당장 유능한 "자기" 관리자가 될 수는 없다. 그러나 당신도 하면 할 수 있다. 원한다면 자기 능률을 높이기 위한 목표와 방법이 담긴 이 책이 당신을 도울 수 있을 것이다.

자신을 관리하는 방법을 찾자

일에서만큼은 아무에게도 뒤떨어지지 않는다고 자신하는 사람은 나름대로 비책을 가지고 있는 법이다. 그것은 다음 세 가지로 집약될 수 있다.

(1) 최대한 능률적으로 일하려고 한다.

(2) 자기 자신을 조직화한다.

(3) 지금까지 쓰던 방법을 바꾸어야 할 시점에서 새로이 능률적인 방법에 쉽게 적응하도록 자기 스스로 훈련한다.

관리 부문은 모든 일의 기본이다. 기회를 노린다, 계획을 짠다, 조직을 만든다, 컨트롤한다, 필요에 따라서 방향을 수정, 변경한다. 등은 기업이 운영되는 기본적인 뼈대를 이루어 나가는 것들이다.

이런 일을 빠르고 신속하게 해내려면 몇 가지 요소를 갖추고 있어야 한다. 그리고 그 요소는 모두 당신 자신 속에 있다. 당신의 성공은 당신의 내적 능력, 습득한 기술, 능률, 건강과 활기, 통찰력 그리고 성공을 향한 의욕에 달려 있다.

당신의 직업 또는 일과 관계없이 예컨대 기계가 고장 나거나 두통이 생겼을 때 당신은 이에 잘 대처할 수 있도록 틀림없이 적절한 대응방법을 알고 있을 것이다. 예방적 준비를 중시했다면 문제가 생겨도 그 시점에서 해결할 수 있다. 동료 간에 혹은 부서 간에 마찰이 일어난다 하더라도 어느 정도의 일은 순식간에 제거할 수 있다.

그러나 몰아치듯이 최대 효율 상태로 일이 진행될 때 우리는 직무에 쫓기는 상태에 빠지기 쉽다. 왜? 답은 간단하다. 많은 사람이 자기 자신을 관리할 줄 모르기 때문이다. 그 때문에 겨우 절반 또는 그 이하의 능률밖에 올리지 못하고 우물쭈물하는 것이다.

작업의 능률을 올리는 방법을 찾자

전국적으로 지점을 가진 석유판매회사의 후계자가 이렇게 푸념했다.

"3년 전 아버님의 일을 인계받았을 때는 그럭저럭 경영도 가능했고 귀가해서는 가족과 함께 시간도 보내고 골프를 치기도 하면서 여러 가지 일을 할 수 있었어요. 그런데 지금은 말이 아닙니다. 매일 밤 일거리를 집에 가져오는데도 좀처럼 일거리가 줄지 않습니다. 도대체 어떻게 된 일인가요."

그다음 달 이삼일 동안 그의 집무실과 회사에서 진행 중인 거대한 계획을 돌아보자 환부를 지적하는 데 그다지 시간이 걸리지 않았다.

그의 아버지는 아들에게 견실한 회사를 남겼다. 아들은 그의 지도를 받아 자기 나름대로 개혁도 하고 새로운 설비도 늘렸다. 그는 석유 관계자뿐만이 아니라 각계 인사와의 교류에 꽤 많은 시간을 소비하고 있었다. 그는 출입업자, 은행가들과 하나하나 이야기를 나누고 질문을 했다.

그는 무엇이든지 자기 스스로 직접 해보았다. 지금도 역시 어떤 일이든 그의 힘으로만 해결하려고 들었다. 회사는 세 배로 커졌으나 그는 본래대로 손은 두 개, 두 다리에 두 눈, 머리는 하나이고, 하루는 24시간뿐이다.

그가 가진 문제점은 다음과 같다.

결국, 그는 하찮은 일에 할 일 없이 시간을 낭비하느라 본래 해야 할 일-경영-을 거의 안 하고 있는 것이나 마찬가지였다.

그는 그 자리에서 그 말을 이해하고 인정했다. 그러나 도대체 어떻게 하면 작업 능률을 높일 수 있을까. 그는 자기 관료적 형식주의에 빠져 하찮은 일까지 손대고 있었음을 인정하며 자신이 고쳐야 할 일과 해야 할 일을 수정해 나갔다. 그는 자기 자신을 조직화하기 시작했다. 일의 능률을 높이는 길은 자기 관리 이외에는 없음을 깨달았던 것이다.

당신이 바쁜 것과 업무 처리 능력과의 관계

현대인들은 속도의 세계에 살고 있다. 이것은 매우 활기차 보일 수도 있다. 바쁘다는 것은 일이 많다는 긍정적인 의미가 있지만 자기 자신이 바쁘게 움직이는 이유를 모른다면 이것은 시간과 정력의 낭비이다. 바쁜 사람은 생각할 겨를도 없이 눈앞의 일을 닥치는 대로 처리하려는 경향이 있다.

당신은 온종일 많이 움직였으나 결과가 신통치 않다고 느낀 적이 있는가. 그래서 온종일 분주하게 움직였는데도 불구하고 허탈감을 느끼지는 않았는가.

회사 일을 집에 가져가는 경우가 자주 있는지도 생각해 보자.

당신이 아주 경망스러워 보인다고 생각하지는 않는가.

차분하게 생각할 수 있는 시간적 여유가 없다는 핑계 하에 일의 개선책을 마련하지 못하거나, 영구히 바쁜 상태에서 벗어날 수 없을 것 같은 느낌에 더욱 수렁에 빠져드는 듯한 기분이 들 때도 있는가.

도대체 쓸데없이 일이 바빠서 쫓기는 듯한 기분이 드는 이유는 무엇일까.

138
다시 한 번 생각하는 여유를 갖자

당신의 책상 위가 정리, 정돈이 제대로 되어 있는지 체크해 보라.

자기가 해야 할 일을 목록화하는 습관이 되어 있는지도 생각해 보라. 생각하지 않고 우선순위나 질서없이 닥치는 대로 일이 진행되고 있지는 않은가.

중요하지 않은 시시한 일들로 인해 주요 업무를 방해받고 있지는 않은지. 일을 단순화하여 능률적으로 처리하고, 계획할 시간과 반성할 시간을 혹시 만들지는 않는지 반성해 보라.

당신이 위에 열거한 사항 중 하나라도 해당한다면 이제 멈추어 서서 자신을 뒤돌아볼 여유를 얻자.

교통 신호의 '멈춤'을 생각해보라. 멈추어야 할 때 멈추지 않으면 어떻게 되는가를 상상해 보라. 이제 이것을 당신에게 적용하고 생각하기 위해 일을 멈춰라. 그리고 불필요한 분주함은 무익하다는 것을 인식하라.

내가 해야 할 일의 목록을 일단 기록하고, 효과적으로 시간이 활용되고 있는지 검토해보라. 즉 쓸데없는 일에 너무 많은 시간이 투자되고 있지는 않은지 살펴보라.

자기 관리란 도대체 무엇인가

회사를 혼자서 움직일 수는 없다. 즉 관리가 필요하다는 얘기다. 이 방법을 배우기 위해서는 다음에 제시하는 네 가지의 단계가 필요하다.

(1) 무엇이든지 자신의 힘으로만 하려는 것은 불가능함을 인식할 필요가 있다.

(2) 모든 의사 결정을 혼자 독차지하려는 것이 무리임을 인정한다. 믿을 수 있는 사람에게 의사 결정의 판단권을 일부분 맡기고 자유로워질 필요가 있다.

(3) 계획의 중요성을 신중하게 인식한다.

(4) 진행 상황을 쉴 새 없이 점검함으로써 갑자기 발생할 수도 있는 위기 사항을 준비한다.

자기 관리란 말처럼 결코 쉬운 일이 아니다. 일에 시달려 그럴 사이가 어디 있느냐고 항변하는 사람도 있을 것이다. 그런 일에는 전혀 무관심한 채 만사 되어가는 형편에 맡겨두는 사람도 있을 것이다. 물론 귀찮아하는 사람도 있을 수 있다. 그러나 이런 사람들도 "자기 조직화"의 효과를 알게 되면 이 명확한 방법에 대해 다시 한 번 재검토하게 될 것이다. 누가 보더라도 분명하게 나타나는 자기 조직화의 효과 여섯 가지를 들어보자.

(1) 자기 관리는 하면 할수록 효과가 나타난다.

(2) 자기 스스로 목표를 세울 수 있다.

(3) 예정 코스에서 벗어나지 않도록 쉴 새 없이 점검할 수 있다.

(4) 시간이 절약된다.

(5) 위궤양에 걸리지 않아도 되고 불면증도 없어진다.

(6) 탁월한 리더로서 부하의 업무 의욕을 상승시킬 수 있다.

자기 계발은 기록하는 습관에 달려 있다

하루의 업무를 돌이켜 보고 1초라도 소홀히 하지 않고 능률을 올릴 수 있었는지 정직하게 자문자답해 보자. 아니라고 대답하는 사람은 자기 계발-자기 훈련-이 필요한 사람이다. 우선 무엇보다 나는 할 수 있다, 아니, 나만이 이루고자 하는 일을 이룰 수 있다고 마음속으로 다짐해야 한다. 마음의 흐트러짐을 배제하고 가장 짧은 시간에 에너지 낭비를 최소로 줄이며 일하고 있는지 주의 깊게 관찰해야 한다.

계획이 순조롭게 시작될 수 있는 것은 스케줄의 짜임에 달려있다. 몇 주에 걸쳐 당신의 행동을 자세히 기록해 보자. 시간이 없어서 할 수 없었던 일도 이미 끝마쳐 놓은 일과 마찬가지로 기록해야 한다.

시간 관리학과 시간을 분석하는 방법은 다음에 기술하기로 하고 지금은 노동 시간을 분석하는 것이 관건임을 강조해 둔다.

첫째로 하루의 일은 대충 매일 꼭 해야 하는 일과 이따금 하면 되는 일로 나눌 수 있다. 그 일을 누구와 함께하는가에 따라 일을 나누는 방법도 여러 가지로 나뉠 수가 있을 것이다.

둘째로 그 일의 성질에 따라서 나누는 방법이 있다.

비슷한 성질의 일을 묶어서 나누는 것이다. 예컨대 계획이나 의사 결정은 매일 아침 우편물을 대강 훑어 본 다음에 하든가, 혹은 다음날의 행동 계획을 세우기 직전에 하는 식으로 정해 두는 것이 좋다.

요컨대 당신의 일은 중요도에 따라서 순차적으로 순서를 정할 수 있

다. 우선 꼭 해야 할 일을 처리하고 일상 업무는 그 일을 끝마친 이후의
시간에 시작하는 것이다.

거래처에서 사람이 오기를 가만히 기다리고 있거나 기다리는 전화가
좀처럼 걸려오지 않아 책상 앞에서 멍청하게 앉아 있었던 일은 없었는
가. 다음 일에 착수할 때까지 얼마나 많은 시간이 낭비되고 있는지를 정
확히 알게 되면 틀림없이 놀랄 것이다. 이런 대기 시간은 서류를 훑어보
거나 편지를 쓰거나 직무 관계의 잡지를 읽는 데 활용해야 한다.

일을 스케줄대로 진행하기 위해서는 메모, 카드나 수첩 등을 충분히
이용할 것을 권한다.

계획을 세울 때 한 가지 염두에 두어야 하는 것은 긴급 사태나 문제가
발생해도 언제나 대처할 수 있도록 여유롭게 짜야 한다는 것이다. 스케
줄 표를 만드는 최대의 이점은 시간을 이용하는 방법이 얼마나 어려운
지를 배우는 데 있다고 할 수 있다.

유능하지 못한 관리자의 유형 8가지

좋아하는 취미에 취해서 하루를 무익하게 보내는 중역이 늘어나고 있다. 몇 년 전에 미국, 중소기업국은 "너무 바쁜 경영자"의 분류를 시도한 적이 있다. 그 분류를 기준으로 해서 유형별로 나누어 보면 다음과 같다.

(1) 너무 마음을 쓰는 사람

이런 사람은 회사 여기저기에 얼굴을 내밀지 않는 날이 없다.

발송 담당자에게는 "우표는 틀림없이 붙어 있겠지?"라고 묻고, 비서에게는 "새로운 타자기에 익숙해졌는가?" 하고 물어보며 작업 방해만 한다. 또 포장에 쓰는 끈이라든가 회사 트럭의 휘발유 소비량 같은 데도 비상한 관심을 둔다.

(2) 회의를 좋아한다

비록 종이컵 한 상자를 주문하는 데도 시간만 낭비하는 중역 회의를 거치지 않으면 승낙하지 않는다. 그는 남이 듣거나 안 듣거나 간에 잔소리하는 것을 즐기는 것처럼 보이는 사람이다.

(3) 꿈꾸는 세일즈맨

내일 해야 할 일에 들뜨고 꿈꾸는 듯 보이며(심할 때는 이야기를 하고) 시간을 헛되이 보내기 때문에 오늘은 아무것도 할 일이 없는 것처럼 보이는 타입이다.

(4) 집적거리는 사람

자기 일을 끝마쳐 놓은 후에 다른 사람의 업무를 참견한다면 그래도 가벼운 경우라고 말할 수 있을지 모른다. 이 사람은 남이 일하는 것을 어깨 너머로 보면서 "아니 저어, 일이 어느 정도 진행되어 있는지 좀 보러온 거야." 하면서 이 부서 저 부서를 돌아다닌다.

(5) 도표 광

비즈니스 통계를 좋아하고 숫자에 매혹되어 온종일 숫자 통계에 빠져 있다가 해야 할 결재는 전혀 하지 않고 뒤로 미루어 놓는 타입이다.

(6) 산적된 서류에 파묻힌 사나이

이 타입은 온종일 아무 일을 하지 않아도 태연한 사람이다.

그는 많은 서류, 노트, 메모, 청구서, 기타 등에 파묻혀도 콧노래나 부르며 산적해 있는 서류엔 전혀 손을 대지 않고 시간만 낭비하고 있을 뿐이다.

(7) 천재

이 타입은 어떤 일에 대해서도 담당자보다 더 잘 알고 있으며 다른 사람의 요청을 거절하지 않기 때문에 좀처럼 자기 자기 일을 할 수가 없다.

(8) 문호 개방형

이 타입의 관리자는 자랑스럽게 "내 방의 문은 언제든지 누구에게나 열려 있다."고 말한다. 취지는 좋을지 모르지만, 결말은 비극적일 수밖에 없다. 부하들은 이 사람이 선심 쓰듯 심심풀이로 제공하고 있는 문호 개방 때문에 자기들이 충분히 할 수 있는 일도 일일이 의논하기 때문에 많은 시간을 낭비한다.

물론 모두가 이 모든 요건 가운데에 꼭 해당한다고 할 수는 없다.

하지만 진짜 유능한 관리자는 부하의 직무관리, 통제, 계획, 지시 등에 자신의 시간을 쓰는 것만은 확실하다.

142

해야 할 일을 분석하여 스케줄을 만들자

일단 당신이 해야 할 일을 분석하여 스케줄이 만들어졌으면 꼭 지켜야 한다. 그리고 만들어진 스케줄은 무엇이든지 기한까지 달성해야 한다. 세워진 스케줄은 다음 세 가지 사항에 도움이 될 것이다.

(1) 기대한 목표를 올렸을 때 기일까지 일을 끝낼 수 있는지 없는지 확인할 수 있다.

(2) 당신 자신의 진보를 점검할 수 있다.

(3) 잠시 다른 업무를 보더라도 자기의 원위치와 남은 시간을 사용할 수 있기 때문에 언제든지 필요한 조치를 마련할 수 있다.

143
자신이 해야 할 일을 정확하게 파악하자

당신의 입장을 확실히 나타내기 위해서는 당신에게 기대되는 일이 무엇인가 음미해 보면 된다. 미국에서 발표한 관리직에 요구되는 행동과 사고방식의 요건을 보면 당신의 직무방침을 세울 수 있을 것이다.

(1) 일반적으로 비즈니스는 성장해 나가면서 더욱더 복잡해진다. 그래서 사내의 유능한 인물은 물론이고 회계사, 변호사, 경영 상담자 등 사외 전문가의 기술과 능력이 점점 필요해지는 것이다.
(2) 회사 전체의 일이 진행됨에 따라 당신의 직무가 주어진다. 따라서 (1)에서 말한 전문가들을 고용하고 보수를 지급하여 전문 지식을 얻어야 한다.
(3) 당신의 직무는 경영 방침을 실현하는 일이다.
(4) 당신이 해야 할 일은 부하를 통솔하고 의욕을 환기해 일을 성사시키는 것이다.
(5) 자신의 직무에 대해 항상 반성할 것을 잊어서는 안 된다.
(6) 매일 주어진 일에 최선을 다하고 있는지 자문자답해야 한다. 어느 부분의 일을 소홀히 하여 그냥 넘어가고 있지 않은가. 또 남에게 맡겨도 될 일까지 하고 있지는 않은가.
(7) 매일 혼자서 생각하는 시간을 마련한다. 필요한 만큼 시간을 가지려고 문을 닫고 아무도 들어오지 못하게 할 필요가 있다.

2, 3분 만에 끝마칠 때도 있고 몇 시간이 필요한 날도 있을 것이다.

(8) 매일 장래 계획을 꿈꾸는 시간을 마련해 둘 것.

(9) 다른 일을 시작하기 전에 그 일이 얼마나 중요한가를 확인하고 나서 행동할 것.

(10) 매일 해야 할 일이 똑바로 진행되고 있는지 확인한다. 특히 자신이 없는 일에 대해선 세심한 점검이 필요하다. 서류를 훑어보는 것보다 거래처 사람과 만나는 것이 즐겁기는 하나 자신이 없는 일을 해보는 것도 자기 계발의 계기가 될 수 있을 것이다.

(11) 매일 부하에게 "On the job" 지도를 한다. 능률적으로 당신을 돕거나 자기 직무를 수행하도록 육성해야 하기 때문이다.

(12) 매일 친구들과 함께 일하고 있음을 잊어서는 안 된다. 미소와 산뜻한 말씨는 불가능한 일도 가능케 하는 힘이 있다.

(13) 하루의 업무를 끝마친 후 책상에 단정히 앉아 그날의 일에 대해여 반성한다. 해야 할 일을 하지 않고 다른 일만 하고 있지는 않았는지, 뭔가 중요한 것을 잊어버리지 않았는지, 마음이 내키지 않는다고 해서 중요한 일을 하지 않고 편한 일만 골라 하지 않았는지, 시간을 헛되이 보내지 않았는지 확인해 볼 필요가 있다.

이상을 요약하면 일을 능률 있게 달성하고 당신에게 직무 만족을 주는 것은 "조직화" 이외에 없다는 것을 당신은 깨달을 수 있을 것이다. 조직화가 있기 때문에 당신은 달성해야 할 목표가 무엇인가를 보다 정확하게 알 수 있다. 더욱 신중히 생각해 보면 어떻게 그 목적을 달성할 수 있는지 방법까지 체득할 수 있을 것이다.

이제 의사를 결정할 때 필요한 자기 관리의 원칙을 열거해보자.

(1) 무엇이 문제인가 살펴본다.

(2) 모든 각도에서 문제를 신중히 검토한다.

(3) 그 문제에 대한 해결책을 몇 가지 생각해낸다.

(4) 가장 좋은 해결안을 선택한다.

(5) 결정한 것을 행동에 옮긴다.

우리는 여기에 충실하게 지켜질 수 있는 스케줄을 첨가하기만 하면 된다. 만약 제1안이 부적당하다는 것을 느끼면 진로 변경을 하는 것이 좋을 것이다.

144

자기 관리를 위한 두뇌 사용법

자기 관리를 위해서 신중하게 스케줄만 필요한 것은 아니다.

이용할 수 있는 도구는 자유롭게 활용돼야 한다. 당신 자신의 몸이나 머리는 물론, 여러 가지 종류의 물리적 설비도 충분히 이용할 수 있다는 사실을 기억하자.

오늘날의 비즈니스 사회에서는 우리들의 신경 계통도 육체에 못지않은 희생이 강요되고 있다.

당신은 귀중한 에너지를 낭비하며 살고 있지 않은가. 집중력이 부족해서 계획을 짜거나 생각을 정리하는 데도 꽤 많은 시간이 걸리지 않는지 다시 한 번 자신을 점검할 필요가 있다.

시간을 헛되이 보내는 원인은 곳곳에 산적해 있다. 식생활이나 수면 방법이 나쁘면 에너지 소모량은 많아진다. 감정 조절이 잘 안 되면 하던 일도 제대로 못 하게 된다. 전화나 책상 등 바로 옆에 있는 도구조차 적절히 사용하지 못하면 이것 역시 시간을 낭비하는 요인이 될 수 있다.

위와 같은 에너지 손실을 최소화하려면 어떻게 하면 되겠는가?

앞에서 말한 자기 조직화를 응용하는 것이 필수적일 수밖에 없다. 자기 자신이 판단하건대 가장 빠르고 에너지 손실이 가장 적은 방법으로 일을 해치울 결심이 서야 한다.

당신 자신의 두뇌는 당신을 관리하기 위한 중요한 재산이다. 다음에 열거한 세 가지 지적 활동 개선에 집중하면 두뇌는 어떤 경우라도 당신에게 좋은 의지가 되어 줄 것이다.

(1) 집중력을 높인다. 될 수 있는 대로 마음이 흐트러지지 않도록 노력
   한다.
(2) 끊임없이 지식을 늘리고 아이디어나 문제점은 즉시 분석하여 올바
   른 의사 결정에 사용할 수 있도록 한다.
(3) 기억력은 근육과 같다. 그래서 늘 단련시켜야 한다. 언제든지 필요
   한 정보를 끌어낼 수 있어야 하기 때문이다.

　이와 같은 지적 능력은 얼마든지 개발시킬 수 있다. 이를 위해서 다른
사람이 일하는 것을 찬찬히 살펴보고 자기의 방법을 비교 검토하라. 연
구하고 개선하려는 마음이 지적 개발을 위해서는 가장 효과적인 자극이
될 수 있다. 서툴게 업무를 처리한다면 꼼꼼하게 일을 끝마치는 방법을
고안한다. 그리고 그 방법을 똑바로 지키고 있는지 반성해 본다.
　나쁜 습관은 좋은 습관과 바꾸도록 하자. 습관을 곧 체득하기란 쉬운
일만은 아니다. 그러나 자기의 습관은 자기 힘으로 고치도록 노력하는
것만으로도 최고의 방법이 될 것이다.

145
능률적인 업무 처리를 위해선 적절한 도구

머리나 몸 외에도 여러 가지 도구를 이용할 줄 알아야 한다. 언제나 연필과 메모 수첩을 가지고 다니는 사람이 몇이나 있을까. 기억에 의지해서는 안 된다. 당신이 잊어버리는 사실이나 숫자가 손익분기점이 될 수 있음을 명심하고 무엇이든지 메모하는 습관을 기른다.

나는 몇 년 전에 비즈니스 잡지의 편집 일을 맡아 보았던 사람의 예를 들어 보겠다. 당시는 부탁받은 것쯤은 모두 머릿속에 기억할 수 있다고 자신하고 있을 때였다. 몇 년 후 어느 모임을 끝마친 뒤, 그는 책상 앞에 앉아 메모지를 다시 한 번 뒤적이게 되었다. 한 장 한 장에 부탁받은 일이 기재되어 있었다. 복사물을 보내는 일, 다음 모임에서의 연설 요청 등, 그러나 누구에게 부탁받았는지 통 그의 머릿속에선 생각이 나지 않는 것이었다.

그 후 그는 메모하는 것을 생활화하고 있다. 비록 메모 용지 수가 매우 많아지기는 했지만, 그는 약속을 꼭 지킬 수 있다는 자신감을 가질 수 있었다.

시간은 스케줄을 지키기 위한 기본이다. 다소 새삼스럽다 생각할지 모르겠지만 정확한 시계를 차고 다니도록 하자.

능률을 올릴 수 있는 사무실과 책상은 바쁜 관리자에게는 또 하나의 중요한 도구이다. 왜냐하면, 이것들이 당신의 활동 본거지이기 때문이다. 시간을 절약하고 직무를 빠르게 처리하고 싶다면 잠깐 책상 서랍을 열어 보자. 잘 정리되어 있는가. 카드나 서류 봉투, 클립이 난잡하게 들어 있지는 않은가. 다음에는 능률적인 사무실과 책상의 배치를 생각해 보자.

(1) 가장 빈번하게 쓰는 소품이나 기기는 될 수 있는 대로 가까이 둔다. 예컨대 늘 계산을 해야 할 사람은 계산기를 쉽게 쓸 수 있는 곳에 둘 것. 계산할 때마다 계산기를 쉽게 쓸 수 있는 곳에 둘 것. 계산할 때마다 계산기를 찾아서야 정말 곤란하지 않을까.

(2) 매력 있는 사무실 분위기를 조성할 것. 그러나 마음이 산란해질 정도라면 곤란하다. 전체의 색조는 차분해야 하고 게다가 밝은 인상이라면 바람직하다. 회화(그림)는 전체의 조화를 생각하여 고른다.

(3) 책상은 언제든지 곧 쓸 수 있도록 치워둔다. 서류는 늘 일정한 곳에 놓아두고 주소록이나 전화번호부는 정해진 곳에 정리해둔다.

사무실에서는 인간적인 유대가 가장 중요할 때가 있다. 당신이 비서를 둔 지위가 되거나 혹은 지금 비서가 있으면 충분히 훈련 시켜 두어야 한다. 필요 없는 전화나 사람을 받지 않고 늘 스케줄을 체크하는 등의 일이 비서의 주된 직무이므로 다시 한 번 상기시킨다.

일을 자기 마음대로 구사할 수 있으면 짧은 시간에 정확하게 효율을 높일 수 있다. 그렇게 되었을 때 타고난 재능을 충분히 살리고 있다고 생각해도 좋다. 그리고 그 정상에 도달했을 때는 성공은 돈으로 살 수는 없다는 것을 깨닫게 될 것이다. 더불어 충분히 일했다는 큰 만족감에 자신을 대견해 할 수 있을 것이다.

제18장

시간 관리하는 방법

시간 관리란 인생을 효과적으로 살기 위해서 시간을
유용하게 사용하는 것을 의미한다. 작은 의미로는
시간을 잘 조직하고 그 시간 안에 효율적인 행동을 하여
탁월한 결과를 거두는 기술이라고 할 수 있다.

146

시간을 지배할 수 있다

우리는 하루에도 수많은 생각과 수천 가지의 동작을 한다. 이런 많은 생각, 동작에는 모두 시간이 필요하다. 가만히 생각해 보면 어렵지 않게 예들을 발견할 수 있을 것이다. 꿈을 꾸는데도, 일하는 데도, 운동하는 데도 시간이 소요된다. 또 여행하거나, 책을 읽거나, 대화를 나누는 데도 시간이 소비된다. 잠자는 데, 식사하는 데, 용변을 보는 데도 역시 시간이 필요하다. TV 보고, 전화받고, 회의하는 데도 시간이 소용된다. 이렇게 간단한 동작 하나에도 시간은 여지없이 개입해 들어가는 것이다. 시간의 세계에서는 공짜란 없다.

시간을 쓰는 것은 돈을 쓰는 것과 비슷하다. 따라서 가치 있는 일에는 많은 양의 시간을 써야 하고 가치 없는 일에는 시간을 적게 쓰거나 전혀 쓰지 말아야 한다. 또한, 어떤 일을 계획할 때는 시간 계산을 잘해야 한다. 너무 많은 시간을 투자하면 낭비가 되고, 너무 적은 시간을 투자하면 무리가 된다. 결국, 두 가지 모두 손해이다. 지난날들의 행적을 검토해 보거나 하루의 행동을 잘 점검해 보면 쓸데없는 일에 너무 많은 시간을 소비했다는 것을 대부분의 사람은 알게 된다. 일은 그 자체가 완성되는 데만 해도 충분한 시간이 필요하다. 활동마다 적당량의 시간이 확보되어야 한다. 그리고 가장 알뜰하게 시간이 사용되어야 함은 물론이다.

시간은 귀중한 자원이다. 세상에는 응용할 자원이 많이 있다. 물질적 자원뿐만 아니라 인적 자원도 있다. 그러나 이런 많은 자원도 그것을 어떻게 쓰느냐에 따라 그 가치는 우리의 기대와 상상을 넘나든다. 그러나 훌륭한 자원도 관리가 제대로 되어 있지 않다면 무질서와 낭비뿐이다. 그러나 일단 관리만 잘 되어 있다면 모든 면에 효과를 거둘 수 있을 뿐만 아니라 낭비도 최소한으로 줄일 수 있다. 물론 시간은 누구에게나 동등하게 주어진다. 그러나 때때로 시간이 빠듯할 때 그 주어진 시간을 잘 관리할 수 있는 자에게는 천금의 효과가 주어진다. 즉 시간을 얼마나 잘 쓰느냐가 가장 중요하다. 일을 잘하는 사람은 어떻게 하면 시간을 마음대로 이용할 수 있는가를 잘 알고 있다. 또 그는 부하를 어떻게 활용하면 시간을 최대한 낭비 없이 이용할 수 있는가를 잘 알고 있다.

이 시간을 활용하는 방법을 체득했을 때 당신은 일주일의 마지막 날인 금요일이나 토요일-"아이고, 이번 주도 또한 이 정도밖에 하지 못했구나"하고 지겨워하는 날-을 걱정하지 않아도 된다. 시간은 당신의 하인이며 당신은 이미 시간을 다스릴 수 있게 된다. 하루의 짧은 시간을 완전히 지배하기 위해서는 다음 네 가지 단계가 필요하다.

(1) 시간을 잰다.
(2) 어디서 시간을 낭비하고 있는지 조사한다.
(3) 시간을 가장 효과적으로 이용하기 위하여 계획을 짠다.
(4) 늘 지름길을 찾아 시간의 절약을 시도한다.

147
하루를 25시간으로 늘리는 방법

하루 24시간에서 몇 분 혹은 몇 시간을 늘릴 수 있을까? 답은 '예'이다. 물론 그렇게 할 수 있으려면 비밀 요소-관리-가 필요하다. 특히 이 경우 시간을 늘리는 것이 시간의 관리를 뜻하는 것임은 말할 필요도 없다.

첫째로 우리가 이해해야 할 점은 시간의 가치는 생각보다 무척 크다는 사실이다. 둘째, 노력하면 그만큼 좋은 성과를 기대할 수 있다는 것을 인정하지 않으면 안 된다.

그다음은 자기 스스로 목표를 정해야 한다. 거래처를 방문한다, 편지를 쓴다, 리포트나 책을 읽는다, 가족과 함께 지낸다, 골프를 즐긴다…. 갖가지 하고 싶은 일이 본인들에게는 있다. 당신은 목표를 정하고 이 목표를 향하여 쏜살같이 돌진해야 한다. 이를 위해선 상당한 노력이 필요하다.

우수한 자동차 세일즈맨이 있다. 그에게는 항상 이제 곧 "계약"을 기대할 수 있는 고객이 준비되어 있다. 그의 비밀은 늘 새로운 기대고객, 그것도 한두 번의 요청에도 금방 응해줄 기대 고객을 찾아낸다는 사실이다. 최소한 새로운 기대 고객 5명에게 편지를 보내고, 또는 이미 친근해졌거나 혹은 차를 판 일이 있는 고객 5명에게 전화를 걸고 또는 이제 슬슬 구매 계약을 해주겠지 하고 기대되는 5명의 고객을 방문하는 일이다.

그가 어떻게 이런 식으로 일하고 있는지 유심히 살펴보면, 이 목표는 그의 개인적인 것이기는 하나, 그는 목표를 책상 위에 붙여놓고 하나씩 처리해 나간다. 물론 여분의 시간은 없다. 잠깐이라도 시간이 생기면 전화를 걸고 편지를 쓰고 혹은 고객을 방문하러 나간다. 그가 성공하고 있는지 어떤지가 궁금하다면 그의 상사에게 물어보는 것이 빠를 것이다.

이 목표는 어떤 일에도 적용할 수 있다. 수년 전 잡지의 편집 일을 맡고 있었을 때 동시에 석사 논문을 준비하고 있었다. 매일 직장에서 원고를 쓰고 있는데, 귀가한 후에 그리고 일요일에도 원고를 쓸 생각은 도저히 나지 않았다.

그러나 나는 크게 결심하여 평일 밤은 원고지 5장, 토, 일요일에는 20장을 쓰는 데 도전했다. 아내도 협력해 주었다. 나는 책상 구석에 커피컵을 놓고 그 속에 클립을 5개 넣었다. 한 장 다 쓸 때마다 그 클립을 컵에서 하나씩 꺼낸다. 아내는 종종 진행 상황을 살펴보러 오는데 커피 컵속에 클립이 한 개가 되면 커피 준비를 하고 샌드위치를 만들기 시작하여 클립이 다 없어진 후 컵에 커피를 따라 주었다.

처음에는 평소보다 취침 시간이 1시간 늦었기 때문에 아내는 먼저 자버렸다. 둘째 날은 취침 시간이 30분 늦었다. 그리고 셋째 날 밤에 나는 간신히 좀 여유 있게 그 목표를 달성할 수 있었다. 그 후에도 내용을 다르지만, 목표를 달성하는 일은 계속되고 있다.

만약 당신이 시간을 활용하기 원한다면 다음에 열거한 사항을 염두에 두어야 한다.

(1) 시간을 최대로 존중하라

일반 사원보다 지위가 올라갈수록 시간이 지니는 가치는 비례하여 증가한다. 또한, 지위가 높으면 높을수록 생산적으로 쓸 시간이 줄어들고 대부분 시간은 그 조직을 유지하고 보존하기 위한 관리에만 쓰이기 마련이다. 그러므로 몇 분간의 짧은 시간도 철저히 계획을 세워서 써야 한다. 최고 경영자라면 그의 시간 관리 방식이 다른 직원들의 업무와 시간 관리에 지대한 영향을 미칠 수 있다는 사실을 깨달아야 하며 최상의 시간 관리 기술을 연마해야 한다. 그렇지 않으면 업무의 지체 현상이 곳곳에서 생기고 회사의 시간과 경비와 노력의 낭비는 엄청날 것이다.

(2) 양보다 질을 생각하라

지위에 따라서 하는 일이 달라진다. 그리고 지위가 올라감에 따라 주어지는 일의 양 또한 많아진다. 그러나 무엇보다 자신이 책임져야 하는 일 중에서 가치 있는 몇 가지의 목표를 가지는 것이 우선 중요하다.

시시한 일들이 중요한 일들을 가로막는 경우가 종종 있는데 이때는 일의 중요도를 분별하는 능력과 우선순위를 선택하는 기술이 필요하다. 또한, 남에게 자기 일의 일부를 위임하는 기술도 뛰어나야 하고 생각할 시간, 계획할 시간도 충분히 확보되어 있어야 한다. 일을 많이 해야 한다고 생각하기보다는 중요한 일을 탁월하게 해내야겠다는 자신감을 가져라.

(3) 기회를 포착하라

기회가 좋지 않으면 지금 진행 중인 일일지라도 다시 한 번 생각해야 한다. 어떤 때가 기회인지 아는 판단력도 필요하고, 좋은 때가 아니면 감정에 동요됨 없이 기다릴 줄 아는 인내력도 필요하다.

(4) 항상 여유를 가져라

시간과 업무의 노예가 되면 늘 쫓기게 마련이다. 그렇게 되면 능률도 오르지 않고 경영자로서의 이미지도 나빠진다. 스케줄을 잘 배열하고, 계획한 일과 행동에 걸리는 시간을 잘 분배하는 것이 필요하다. 평소에 계획과 준비를 철저히 하면 늘 자신감을 갖게 되어 어떤 일에 부딪히더라도 유연하게 모든 일을 처리해 나갈 수 있다.

(5) 늘 균형 감각을 가져라

일과 휴식, 빠르고 느림, 업무량의 과다, 직장 생활과 가정생활, 전통과 개혁, 효과와 효율, 정상 업무와 취미 생활 등의 대립적인 요소를 잘 조화시켜야 한다. 그렇게 해야만 전체적으로 균형을 이루어 나갈 수 있기 때문이다.

148

자신의 한계점을 냉정하게 구분하자

자신이 직접 스케줄을 만들 때는 현실 가능한 것을 만들어야 한다. 충분히 시간을 들여서 모든 각도에서 검토하고, 또 관계자 전원과 협의한 후 실현 가능한 한계선을 결정한다.

당신은 그 일에 필요한 도구나 물건을 사전에 준비해 두어야 한다. 이것을 소홀히 하면 자료는 어디 있는가. 서류는…… 복사용지는… 하고 소란을 피우게 되며 귀중한 시간을 헛되이 낭비해 버리게 된다.

자기가 결정한 한계선이 지켜지고 있는지 주의해야 한다. 이 한계선에 의해서 더욱 강한 의욕으로 능률을 높일 수 있다. 조사에 의하면 일이 빠른 사람은 일이 늦은 사람보다 일이 정확한 것을 발견할 수 있었다. 일이 빠른 사람은 카레이서에 비유할 수 있다. 그는 여러 가지 스피드를 계속 유지하려고 한다. 일이 늦은 사람은 자기가 어느 정도 빠르고 정확하게 할 수 있는지 알려고 하지 않는다.

149

시간을 늘리는 15가지 방법

시간은 다른 상품과 마찬가지로 살 수도, 제조할 수도, 축적할 수도 있다. 시간을 만드는 방법은 얼마든지 있으나 다음에는 실제로 이용할 수 있는 몇 가지 방법만 열거한다.

(1) 러시아워를 피하기 위하여 15분 일찍 일어난다

아침에 집을 나설 대 이것저것 준비하느라 허둥대지 않도록 자기 물건은 하나로 챙겨 언제라도 쓸 수 있도록 해둔다. 전날 밤에 다음날 입고 출근할 옷을 준비해 두는 것도 좋다. 아침에 별다른 분주함 없이 회사에 출근하는 날은 마음이 편안하고 업무에 대한 의욕이 강하다.

(2) 읽고 쓰는 기술을 체득해 둘 것

간행물이나 리포트를 척척 읽어낼 수 있으면 얼마나 시간이 절약되겠는가. 쓰는 속도나 읽는 속도는 얼마든지 빨라질 수 있다. 기술만 숙달되면 시간은 대폭으로 절약될 수 있다.

(3) 능숙하게 기록하는 습관을 체득할 것

당신의 아이디어, 사실, 숫자, 가난한 정보를 수집한다. 일상 활동에 언제든지 이용할 수 있도록 파일이나 메모를 만들어 정리하라. 이렇게 해두면 중요한 문제를 빠뜨려도 고생하지 않고 다시 찾아낼 수 있을 것이다. 회의나 중요한 이야기가 있을 때는 반드시 노트를 준비하는 습관을 익히도록 한다. 아직 기억이 선명하게 남아 있을 때 결정 사항이나 발언을 기재해 두는 것이다. 이렇게 함으로써 시간을 절약하고 사소한 실수라도 생기지 않는다.

(4) 과감하고 신속하게 행동하라

우유부단함을 없애는 것이다. 예컨대 문의해 오면 곧 회답을 보낸다. 거의 95%는 그 자리에서 처리할 수 있는 것뿐이다. 그리고 나머지 5%의 특히 어려운 문제에 대해서는 충분히 시간을 들여 생각한 후에 처리한다. 경영자 가운데는 우선 처음부터 쓰기 시작한다는 사람도 있다. 모르는 부분은 그대로 공백으로 두고 비서에게 조사를 시킨 후에 그 문제에 관하여 알게 되면 그때야 그 부분을 메꾸는 것이다. 이 방법의 장점은 몇 번이고 그 문제에 대해서 머리를 어지럽게 할 필요없이 다른 일에 손댈수 있다는 점이다.

(5) 전화는 시간을 절약해준다.

일부러 사람을 만나러 가는 일보다는 전화로 이야기하는 편이 훨씬 능률적이다. 정보를 얻거나 조사를 하거나 지시를 내리는 일에는 전화가 제일 빠르다. 그러나 이 편리한 도구도 잘못 쓰면 시간을 낭비하는 괴물로 변할 위험이 있다. 회사에 아내가 사소한 일로 전화를 거는 일이 없도록 다짐을 해둔다. 일반적으로 아내의 용건은 당신이 귀가한 후라도 충분히 처리할 수 있는 것이 대부분이다. 그리고 당신도 별로 중요하지도 않은 일에 전화나 좀 걸어볼까 하는 식으로 전화기에 매달리는 습관은 그만두어야 한다. 전화를 걸기 전에 펜이나 메모지가 있는지, 전화번호(구내번호를 포함하여)는 정확한지, 말할 용건은 무엇인지 등등을 확인해야 한다.

(6) 가능한 잡담은 줄여도

대화는 업무를 진행하고 또 교제를 두텁게 하는 데 없어서는 안 되는 요소이다. 소속감을 높이고 긴장을 해소시키는 효용도 있지만, 이것에도 한도가 있다. 낚시질 이야기를 20분 계속한다고 했을 때 그 중 18분은 시간의 낭비라고 보면 정확하다.

(7) 우체국을 자주 이용하라

편지는 기대하는 것 이상의 효과를 가져다준다. 그다지 바쁘지 않을 때 편지를 보내면, 일부러 갈 것 없이 충분히 시간을 절약할 수 있다. 전화와 마찬가지로 편지로 충분히 가능한 일을 발로 옮길 필요는 없다. 물품 구매나 송금도 우편으로 할 수 있다.

(8) 공백 시간을 충분히 활용하라

잠깐 빈 시간을 이용해서 일상 업무를 해치우는 사람이 많다. 약속한 고객이 좀처럼 오지 않을 때 그저 묵묵히 기다릴 필요는 없다. 다른 일을 찾아내어 즉시 빈 시간을 활용하면 된다. 짧은 시간이라도 사인을 하거나 문서나 리포트를 훑어볼 수 있다. 사람을 기다리는 동안에 서류함을 정리할 수도 있다. 차나 버스로 통근하고 있다면 그 시간을 비즈니스 잡지나 신문을 읽거나 생각에 잠겨도 된다. 또 일주일에 한두 번은 비즈니스에 필요한 잡지를 보아두면 좋다.

(9) 자기 자기 일을 주시하라

다른 매력 있는 일에 정신이 팔리기 쉬우나 그래서는 곤란하다. 자기가 하고 있는 일이 재미없을 때 우선 해야 할 일을 해치워야 한다. 이것이 다른 무엇보다 중요시되어야 한다.

(10) 하찮은 일에 일일이 간섭하지 말 것

그리 중요하지도 않은 일은 다른 사람에게 시킬 것. 당신은 누구에게 부탁할 것인지 결정만 하면 된다. 이렇게 하지 않으면 당신은 시간이 아무리 있어도 부족하다.

(11) 중요하고 어려운 일에 먼저 손대라

가장 순조롭게 일이 진행될 때 집중적으로 중요 사항을 처리하라. 피로를 느낄 때는 편지를 읽거나 가벼운 일을 하면 된다. 힘든 일은 다음 날 아침 맨 처음 업무로 미루어라.

(12) 지름길을 찾아라

오른팔 같은 부하가 있으면 그에게 일을 맡겨라. 그는 당신이 생각해 보지도 못한 다른 시간 절약의 방법을 제시해 줄지 모른다.

(13) 일에 모두 할 수 있는 상황을 조성하라

환경에 따라서 작업량도 속도도 달라진다. 일반적으로 19℃~21℃, 습도 50% 정도가 제일 좋은 환경이라고 한다, 적절한 조명도 일에 몰두하게끔 도와준다.

(14) 힘든 일에는 한숨 돌리는 것도 유효하다

이러지도 저러지도 못하는 상황이 되었을 때 그 일에서 떠나 쉬는 시간을 가져본다. 오히려 그 시간에 새로운 생각이 떠오를 때도 있다.

(15) 작업 중 공상에 잠겨서는 안 된다

언제 실현될지 알 수 없는 아이디어를 꿈꾸어 보는 것은 소용없다. 훌륭한 아이디어라 생각한다면 지금 실천에 옮겨라.

150

시간을 관리하기 위해 지켜야 하는 기본수칙

누구나 다 균일하게 하루 24시간밖에 배당받지 못한다.

그러나 시간 이용에 머리를 쓰면 성취한 일에 대한 만족감을 높일 수도,

남는 시간을 하고 싶은 일에 활용할 수도 있게 된다.

(1) 질이 높은 시간을 중요하게 여겨라

하루 24시간을 모두 효율적으로 이용할 수 있는 것은 아니다. 일반적으로 오전 시간이나 오후 시간은 밤보다 그 활용도가 높다. 따라서 오전 시간에 가장 창의적인 일을 하는 것이 합당하다.

(2) 시간 예측을 잘하라

시간 예측은 시행착오와 실수를 예방할 수 있다.

(3) 업무의 흐름을 잘 유지하라

각종 업무에 방해되는 요소를 최소화시켜 목표 의식을 가지고 집중하여 일을 처리해야 한다. 그래서 업무가 도중에 중단되는 일 없이 잘 진행되도록 한다.

(4) 우기, 변화, 일을 방해한 요소를 잘 다룬다

말단 사원은 일과표에 따라 주어진 업무를 처리하고 중간 관리자는 상

사로부터의 전화, 서류 처리 등의 업무를 담당한다. 그러나 최고 경영자에게는 문제 해결, 위기 극복 등 머리를 써야 할 일이 끊임없이 닥쳐온다. 이런 일에 부딪힐 때는 과거의 경험에도 의존해야 하겠지만 뛰어난 창의력과 기지를 발휘해서 일을 처리해야 한다.

(5) 현명한 거절을 해라

자기 능력에 맞지 않는 과중한 일을 떠맡게 되거나 제때에 지키기 어려운 일일 경우에는 상대방이 누구이든 간에 그의 요청을 현명하게 거절해야 한다.

(6) 모든 행동이 일관성이 있어야 한다

수시로 자신의 목표와 행동에 일관성이 있는가 검토해 보라. 일관성 있는 생각, 행동, 말은 모두에게 신뢰감을 준다.

(7) 오늘 해야 할 일은 오늘 끝내라

사람들은 누구나 주어진 일을 뒤로 미루고 싶어하는 마음을 가지고 있다. 또 성격에 따라 일을 완성하는 태도도 다르다. 오늘 해야 할 일을 오늘 끝내면 성취감과 더불어 내일 해야 할 일이 막히지 않는다. 좀 무리가 되더라도 오늘 해야 할 일은 오늘 완성하라.

(8) 보통 때와 같은 평화로운 마음을 갖도록 노력하라

일하다 보면 짜증스런 일, 신경질 나는 일로 스트레스가 생기기 마련이다. 그러나 마음이 안정되어야 일도 수월하게 진행되기 마련이다. 자기의 마음을 조절하는 방법을 연구하라.

(9) 유효적절하게 결정하라

빠른 결정이 대수는 아니다. 때에 맞는 결정, 올바른 결정이 더 중요하다.

(10) 아랫사람의 시간 관리를 잘 조정, 지도하라

직장에서의 생산성 향상은 개인의 효율성뿐 아니라 각 사안들의 시간 관리를 통해서도 얻어진다.

(11) '수신제가 치국평천하'라

가족들과도 시간을 충분히 보낸다. 가정이 안정되고 평화로울 때 그 밖의 모든 활동이 의미가 있고 가치를 갖게 된다.

(12) 관리의 기술을 높여라

관리를 잘하는 사람은 주어진 어떤 일도 해낼 수 있기 때문에 현재는 기술적인 것보다는 관리 기술을 높이는 것을 더 중요한 것으로 생각하고 있다. 그러므로 관리를 위한 능력과 기술이 끊임없이 개발되어야 한다.

(13) 항상 겸손한 자세로 배워라

자기 발전에 대해 무관심하고 경험에만 의존하려는 사람은 경솔한 사람
이다. 기업의 혁신은 개인의 혁신을 통해 이루어진다. 혁신되지 않으면
기업이나 개인은 도태하기 마련이다.

저자 김성광

백연 김성광(伯姸 金成光). 1967년 부산 출생으로 조직경제학을 전공했다.
조선일보사와 한국AIG에서 세일즈프로세스및 실천 리더십, 종교학 개론을 강의했다.
에듀에이션(주)에서 특허 개발팀장을 맡았으며 현재 프리렌서로 활동 중이다.
저서로는 〈봄의 예찬〉, 장편소설 〈대빵지하자금 전쟁〉, 〈6시그마 나들이가기〉
〈스트레스 없이 사는법〉외 다수가 있다.

직장생활 잘하는 센스와 기술

인쇄일   2014년 4월 21일 제1판 1쇄 인쇄

발행일   2014년 4월 30일 제1판 1쇄 발행

펴낸이   곽선구

지은이   김성광

펴낸 곳   도서출판 늘 푸른 소나무

　　　　서울시 종로구 연건동 44-10 우옥빌딩 101호

　　　　TEL 02-3143-6763 **FAX** 3143-6762

ISBN 978-89-97558-16-2

값 14,000원